U0459526

张润红　著

# 高校健美操教学理论与实践

吉林人民出版社

**图书在版编目（CIP）数据**

高校健美操教学理论与实践 / 张润红著 . -- 长春：
吉林人民出版社 , 2022.11

ISBN 978-7-206-19752-9

Ⅰ . ①高⋯ Ⅱ . ①张⋯ Ⅲ . ①健美操 – 教学研究 – 高
等学校 Ⅳ . ① G831.32

中国版本图书馆 CIP 数据核字（2022）第 256062 号

责任编辑：高　婷
封面设计：马静静

高校健美操教学理论与实践
GAOXIAO JIANMEICAO JIAOXUE LILUN YU SHIJIAN

著　　者：张润红
吉林人民出版社出版　发行（长春市人民大街 7548 号　邮政编码：130022）
咨询电话：0431-85378033
印　　刷：北京亚吉飞数码科技有限公司
开　　本：710mm×1000mm　　　1/16
印　　张：12.5　　　　　　字　　数：200 千字
标准书号：ISBN 978-7-206-19752-9
版　　次：2023 年 6 月第 1 版　　印　　次：2023 年 6 月第 1 次印刷
定　　价：58.00 元

如发现印装质量问题，影响阅读，请与出版社联系调换。

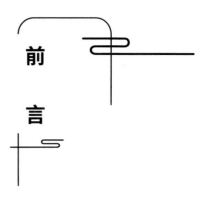

前言

　　创新教学方法,凸显学生的主体地位,是高校体育课程改革与创新的趋势。传统健美操教学注重学生技术认知目标的达成、结论性知识的掌握等,而轻视学生创新、协作、责任、信任、自信等非智力因素的培养,学生的主观能动性没有被调动起来。因此,需要创新健美操教学方法,用实证的研究方法进行全面、系统的多元化研究来解决健美操教学存在的问题,进一步完善学校体育教学策略、创新学校体育课程实践教学方法、促进学生的全面发展。鉴于此,特撰写了《高校健美操教学理论与实践》一书,为高校健美操教学方法的创新提供理论依据和实践支持,为学校体育教学的创新提供参考依据。

　　本书是一部以建构主义学习理论为指导,创新健美操教学方法,并将其应用于实践教学中取得一定教学成果的高校健美操教学专著。

　　本书力求做到以下几点。

　　(1)结构明了,条理清晰。本书的内容分为两个部分,一个是健美操教学理论的构建与实证研究,另一个是健美操实践。本书对这两个部分的内容进行了探索与阐述,框架结构简单明了。

　　(2)具有创新性和实用性。本书在建构主义理论、支架式理论的指导下构建高校健美操教学模式,并将其应用于实践教学中,取得了一定的教学成果,具有一定的创新性。此外,健美操实践以成套健美操创编为内容,具有一定的创新性和实用性。

最后,本书在撰写过程中,参考和借鉴了相关建构主义学习理论、支架式教学理论、健美操教学方面的书籍和资料,在此向诸位学者和专家致以诚挚的谢意。由于时间和精力有限,书中难免存在不足之处,恳请广大读者批评指正。

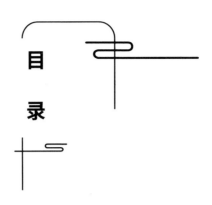

目

录

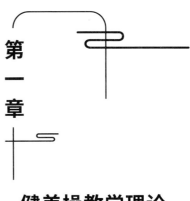

# 第一章

## 健美操教学理论

## 第一节　建构主义学习理论概述

建构主义理论认为,认识不是主体对于客体简单的、被动的反映,而是主体以自己已有知识经验为背景所进行的积极的、主动的建构过程,即学习者所获得的知识不是教师传授而来的,而是学生在一定的情境下,借助于其他人的帮助,通过意义建构的方式获得的。建构主义理论起源于心理学和哲学,基本沿着"行为主义—认知主义—建构主义"的发展轨迹,同时整合了皮亚杰( Jena Piaget,1896–1980 )、布鲁纳( Bruner,1915–2016 )、奥苏贝尔( Ausubel,1915–2008 )、加涅( Gagnè,1916–2002 )等认知主义理论的核心思想,并赋予新的意义而建立起来的。建构主义学习理论主张学习是学习者以自身特有的方式,主动地建构内部心理表征的过程,强调以学生为中心,强调学习的主动性、情境性、社会性。建构主义学习理论中最具影响力的是皮亚杰。他认为,儿童关于外部世界的认知结构是通过与周围环境的相互作用,遵照同化—顺应的方式,逐步建构起来的,并通过平衡—不平衡—新的平衡的循环得以丰富和提高。

## 一、建构主义学习理论的起源与发展

在教育发展的长河中,曾经有三种教学理论对教学和学习产生过巨大影响,有早期的行为主义理论(Behaviorism)、20 世纪 80 年代至 90 年代的认知主义理论(Cognitivism)和 90 年代后的建构主义理论(Constmctivism)。行为主义认为,学习是刺激和反应之间的联结,行为是学习者对刺激所做出的反应。他们视环境为刺激,而将有机体的行为看作是反应,并认为所有行为均是后天习得的。行为主义理论的代表人物是美国心理学家华生。华生在巴甫洛夫的条件反射学说基础上创立了行为主义理论。他认为,人类的行为不是天生就有的,而是后天习得的,人的行为模式是由环境决定的,无论是正常的行为还是非正常的行为,都是经过学习而获得的,也可以通过学习而加以更改或消除,认为环境刺激与行为反应之间具有规律性关系,通过这种规律性的关系可以达到预测并控制动物和人的行为的目的,人和动物没有差异,都遵循同样的规律。行为主义学习理论运用在学校教育实践上,就是教师需要掌握塑造和矫正学生行为的手段或方法,为学生创设一种能让学生尽可能强化对环境的合适行为,而消除不合适行为的学习环境。这种行为主义理论无法解释行为的最显著特点,即人的选择性和适应性。但是认知主义理论未能揭示出学习过程的心理结构,对非智力因素的研究是不够的。事实上,学习过程的心理结构是由智力因素和非智力因素组成的。其中,智力因素是学习过程的心理基础,对学习过程具有直接作用;非智力因素是学习过程的心理条件,对学习过程具有间接的作用。只有将智力因素和非智力因素有机地结合在一起,才能让学习达到预期的目的。

后来皮亚杰又提出建构主义,科恩伯格(O.Kernberg)、斯滕伯(R.J.sternberg)、卡茨(D. Katz)、维果斯基(Vogotsgy)等人在前人的基础上,将建构主义加以丰富和发展,形成了建构主义学习理论,又称后认知学习理论。建构主义学习理论认为,知识不是人脑对事物的直接反应,而是在原有知识结构的基础上,通过主体与客体的相互作用建构而成。建构主义者认为,学习本质上是一种"意义建构"。这种以"建构"取代传统的"学习",既体现了"反映"的观念,又体现了学习的本质特征。由于学习是在特定的背景下,借助他人的帮助而实现的意义建构过程,因此,建构主义学习理论把"情境""协作""会话"和"意义建构"四个环节看作是学习环境的四大要素。

尔后,布鲁纳(Bruner)、伍德(Wood)和麦瑟(Mercer)等人在建构主义学习理论和维果斯基的最近发展区理论的基础上提出了又一种教学理论——支架式教学理论。支架式教学理论是建构主义理论下比较成熟的教学方法之一,同时还开发出抛锚式教学、随机进入教学等几种比较成熟的教学模式。

## 二、建构主义学习理论的含义

建构主义学习理论是20世纪90年代诞生的认知学习理论的一个重要分支,它强调人类知识的主观性,认为学习并不是被动接受外界知识,而是以原有经验为基础,通过与外部世界的相互作用来获取、建构新知识的过程,这种学习更加强调学习的主动性、社会性、情境性、协作性。对每个个体来说,这种情境性的学习在学习方法和学习结果上都可能存在一定的差异性。建构主义对教师与学生的角色有了重新定位,学生不是知识的被动接受者,而是知识的主动建构者,外界信息只有通过学习者独特的主动建构才能变成自身的知识;教师不是"知识的传授者",而应该是学生学习活动的促进者,教师应该充分注意不同学生在认知上的特殊性努力,高度重视对学生错误的诊断与纠正,调动学生的学习积极性,培养学生的自觉意识和元认知能力。

## 三、建构主义关于教学的基本观点

(一)注重以学生为中心进行教学

建构主义认为,学生是信息加工的主体,是主动的意义建构者,而不是外部刺激的被动接受者,因此,他们认为,教学目标应该具有很大的灵活性,不应该强加给学习者,而应同学习者商量决定,或由学习者在学习过程中自由调整。

（二）注重在实际情境中进行教学

建构主义强调,尽量创设能够表征知识的结构,促进学生积极主动地建构知识的社会化的、真实的情境,建构主义学习理论注重让学生解决现实问题,强调提供复杂的、一体化的、可信度高的学习环境,这种环境应具有多种视角的特性,可以将现实与相关情境作为学习整体的一部分,为学习者提供社会性交流。

（三）注重应用合作学习方式进行教学

建构主义认为,学习者以自己的方式建构对于事物的理解,而不同人看到的是事物的不同方面,不存在唯一的标准的理解,但可以通过学习者的合作而使理解更加丰富和全面。

**四、建构主义学习理论教学设计**

建构主义学习理论教学设计是与学生的学习环境相适应的全新的教学设计,学习环境是学习者可以在其中进行自由探索和自主学习的场所。教学设计要充分体现学习环境中的四大要素,即"情境""协作""会话"和"意义建构",利用各种信息资源来创设有利于学生意义建构的"情境";要强调以学生为中心,充分发挥学生的主动性,使学生成为认知的主体、知识意义的主动建构者。整个教学设计过程紧紧围绕"意义建构"这个中心而展开,不论是学生的独立探索、学生之间的相互协作和支持,还是教师的帮助与支持,学生对知识的意义建构都是整个学习过程的最终目的,学习过程中的一切活动都要有利于完成和深化对所学知识的意义建构。

**五、建构主义学习理论下的教学原则**

（一）主体性原则

学生都是学习的主人,教师要确立学生在学习中的主体地位,尊重学生的自主权利,尊重他们独特的思维方式与学习方式,尊重和保证他们在学习活动中的独立性与差异性,使学生真正成为学习和活动的主人。教学是教师的教与学生的学相互统一的过程。这种统一的实质是交往。教学过程是师生交往互动,相互沟通、相互影响、相互补充、共同发展的过程。正是从互为主体的交往与对话中,教师和学生才能真正对所学知识达成共识,并且共同享有对方的体验和经验,实现"教学相长",实现共同发展。

（二）参与性原则

支架式教学以学生的主体参与为前提条件,只有通过学习主体的积极参与,才能真正达到有效的教学目的,没有参与就没有对话,没有对话就没有知识的建构与生成。要真正实现学生的发展,教学中就必须有学生的全员参与、全程参与、积极参与和有效参与。

（三）差异性原则

教师在教学设计前应充分预想学生的差异。我们常常听说这样一句话:教育要做到"目中有人"。在教学活动中,教师应充分利用学生差异,允许学生对教学目标进行个性化的理解,允许有不同的建构思路、不同的表达方式和不同的解答结果。对学生的独到的见解要给予大力表扬,对不完善的要加以补充,而对那些不合理的奇思妙想更要给以呵护。只有这样,学生才敢于在教学过程中大声说话,敢于发表意见,敢于向教师提出自己的想法。在学习方式的选择上也应充分尊重学生的差异。学生生活经验不同是客观存在的,教师要正视这种差异,尊重这种差异,让学生有自主选择学习方式的机会,使学生积极主动地参与学习过程,从而获得有差异的发展。每个人的智慧类型不一样,他们的认知方式与思维策略也不同,这就造成了学生认知水平和学习能力的差异。教师应树立正确的学生观,其中很重要的一条就是"允许学生通过自己的方式学习"。

（四）平等性原则

在教学过程中,教师不但要指引学生积极参与讨论,让学生学会思

考,学会交流,学会表达,学会学习,而且也要对学生的认识进行补充、纠正或提升。教师在表达自己的观点时采取的方式非常重要,教师不能不顾学生对于事物的独特感受,而将自己个人的观点强加给学生,应以参与讨论的成员的身份来发表自己的观点,为学生输送主流的价值观。

（五）全面性原则

"体育教学中既要有表扬,也要有批评"。一方面,教师要善于发现学生的闪光点,给予及时、适度的肯定与激励,让学生的积极性得以充分发挥;另一方面,教师要对学生的错误结论或观点加以修正,使模糊的概念得以澄清,让学生及时获得对知识或技能的新的认识,提高自己的认识能力与思辨能力。教师还应采用科学的方法,尽量反馈全班每个学生掌握知识的程度,同时,在教学中,通过学生的口头回答、面部表情、情绪情感等信息,全面反馈其学习过程。教师不仅要调控学生掌握知识、理解知识、运用知识的状况,还要注意调控学生的学习动机、学习兴趣、学习情绪、学习需求,及时进行全方位的调控。

（六）问题性原则

陶行知先生说过:"发明千千万,起点是一问。"爱因斯坦也曾说:"提出一个问题往往比解决一个问题更重要,因为解决问题也许仅仅是一个数学或实验上的技能而已,而提出新的问题、新的可能性,从新角度去看待问题,都需要有创造性和想象力,这标志着科学的真正进步。"学生产生了问题意识,就会产生解决问题的需要和强烈的内驱力,这可以促使学生去发现问题,解决问题,直至进行新的发现和创新。具有问题意识的学生总是会思考"是什么,为什么,怎么办"等问题,为解决问题,学生的思维会产生一个自我刺激、自我运动和自我发展的过程,这样会对已有的知识与经验进行重新理解和认识,从而进一步丰富和发展原有的认知结构;具有问题意识的学生不只关心结论或结果,更关心获取知识的过程,从而在有意或无意之中扩充了在各个领域的知识量,使零星的知识变得系统有序,使学生从求知走向已知,从已知走向新的求知,循环往复,不断迈向更高的境界。

（七）激励性原则

激励即激发鼓励的意思，是指激发人的动机，促使其发挥内在的潜力。相关研究证明，在工作能力不变的条件下，个人的工作绩效与个人激励水平呈正相关，同样，在体育教育中，学生成绩的好坏及教学过程中各方面的表现在很大程度上又依赖于他人能否对其进行有效的激励。在教学过程中，教师通过各种方法和手段，激发学生的求知欲，激励学生的上进心。同时，教师要指导学生不断反思与调控自己的学习过程，形成自我激励的机制。

（八）系统性原则

教学过程是一个多层次、多任务、多要素的复杂系统，系统中的各要素之间相互影响、相互制约。系统性要求教师在进行体育教学过程中，要把教学过程看作一个完整的系统，运用系统分析的方法去思考和定位系统中的各个要素以及它们之间的相互关系，将对各个要素的研究置于整个教学系统中进行。只有作了系统的设计与分析，才有可能取得良好的教学效果。

（九）灵活性原则

体育课堂教学活动的典型特点是它不允许出现千篇一律的现象，一方面是由于教学过程每一次都是在新的氛围中进行的，学生学习水平都在发生着变化；另一方面，教师本身也在变化着、成长着。教师对教学过程任何周密的计划、美好的构想都会因教学环境或教学对象的突然变化而失去控制。所以，教师在教学过程中必须具有较强的随机性和灵活性，以适应突变的教学环境。教学过程的随机性和灵活性是建立在计划基础之上的，是教师思想、知识在特殊条件下的综合运用能力的表现，这种运用只有组织得好才可能取得好的效果，而不是"脚踏西瓜皮，滑到哪里算哪里"那种无计划状态。因此，计划性和灵活性是相对而言的，必须有机地结合起来，才能达到和谐统一。

### 六、建构主义学习理论下健美操教学中的教师教育

建构主义学习理论指导下的普通高校健美操教学,注重教学程序和情境创设的研究,建立以学生为主体,教师与学生共同参与、合作的教学氛围,使学生成为知识的建构者和学习的主人,充分调动学生的学习积极性,提高学生的自身学习能力、创编能力、教学能力、评价能力、协作能力。但要充分利用以上教学设计和教学程序提高高校健美操教学效果,教师作为解决问题的指导者和分析者,在高度重视对于自身科学观和教学观的自觉反省和必要更新的前提下,还需进一步研究和探索。

# 第二节 支架式教学理论概述

## 一、支架式教学的相关概念

### (一)支架概念的界定

"支架"(scaffold)原是建筑行业术语,亦称"脚手架",建筑师在建筑楼房时首先需要搭建脚手架,借助于脚手架的帮助可以将楼房建得越来越高,楼房建好后,脚手架就被撤掉了。根据这个隐喻,伍德(Wood. Bruner&Ross,1976)最先借用了这个术语来描述成人、同行或有成就的人在另外一个人学习过程中所给予的有效帮助与支持。普利斯里等人对"支架"所下的定义是:根据学生的需要为他们提供帮助,并在他们能力增长时撤去。

这种形象的隐喻描述的是在"最近发展区"内将教师与学生、教与学之间有效的互动学习看作是一座建筑,学习者的"学"是不断地、积极地构建自身的过程,而教师的"教"则是"建筑物"必要的脚手架,帮助学习者不断地主动构建自身、建造新的能力。从中不难看出,支架的目的就是学习者的主动建构,若达不到其应有的目的,支架也就不成其为支架。所以在这里我们将支架的标准暂且定义为:是否有利于学习者主动建构知识或技能。若有利于学习者主动建构某一知识或技能就属于"支架";若不利于学习者主动建构某一知识或技能就不属于"支架"。比如:传统教学法中技术动作要领的讲解和示范不利于学生自主建构知识技能,所以传统教学中的动作要领的讲解和示范不属于"支架"。

在教学活动中,"支架"是一种辅助物,学生凭借这种辅助物能够完成其无法独立完成的任务。"支架"的形式可以是多种多样的,譬如:教师提供的问题、范例、建议、向导、图表等,除了这些可设计的支架外,支架还可以表现为更随机的形式(如对话、合作等),教师的暗示、解释、思考、对学生问题进行的反问、与学生的对话及教师与学生或学生与学生之间的合作等。无论为学生提供的是哪种形式的"支架",其所要表达的作用是一致的,就是学生通过支架的帮助能够主动建构意义,掌握知识,激发学习兴趣。笔者为教学过程设计的支架主要有以下六种:

第一种:概念支架,即为了使学生能够顺利地了解相关教学任务和目标,教师所使用的相关概念及其作用、功能等方面的语言表达。

第二种:直观支架,即教师为学生做的规范的示范动作或一些关于技术动作的挂图等,学生通过对直观支架的视觉感受,能帮助学生主动建构技术动作表象。

第三种:问题支架,即为了激发学生的学习兴趣以及确立学生认知的具体目标,教师对学生提出的具有实际意义的需要学生解决的具体问题等。

第四种:诱导练习支架,即为了让学生完成某一教学任务,而为学生设置的练习方法或手段,通过诱导练习的反复实践,能帮助学生建构技术动作的本质和精髓。

第五种:同伙支架,是指在教学过程中,将学生进行合理的分组,学生在分组练习的过程中互教互学。

第六种:反馈支架。主要是指教师和学生、学生和学生之间的相互评价。通过这种相互评价,学生能进一步强化和巩固所学技术动作并进一步端正学习态度,激发学习兴趣。

（二）支架式教学概念的界定

目前，对于什么是支架式教学并没有一个统一的概念，但在表述中大都体现了建构主义关于教与学的理念。支架式教学法（Scaffolding Instruction）在欧共体远程教育和训练项目中被定义为：支架式教学应当为学习者建构对知识的理解提供一种概念框架。这种框架中的概念是学习者对问题的进一步理解所需要的，为此，事先把一些复杂的学习任务加以分解，以便于把学习者的理解逐步引向深入。

（三）支架式教学法概念的界定

到目前为止，学术界对于教学方法概念的定义仍是仁者见仁、智者见智，未达成一致共识。通过对现有的各种教学方法定义的归纳总结，我们认为，当前国内外具有代表性的教学方法的定义主要是方法说、方式说、活动说和手段说等四种主要观点。虽然各种教学方法定义着眼的侧面和角度不同，并且还存在一些分歧，但是我们仍然能从中分析出教学方法的本质特征。经过分析和总结，我们认为这些本质特征主要表现在两个方面：

（1）教学方法与教学目的紧密相连，是为教学目的服务的。关于这一点，学者们的认识是比较一致的。

（2）教学方法反映的教学活动是由教师的教与学生的学所组成的紧密联系、相互作用的双边过程，离开了任何一方均不能构成完整的教学方法。

所以，大部分专家和学者比较认同的教学方法的定义为：教学方法是在教学过程中，为实现教学目标，教师指导学生学习而形成的一整套关于教学方式的操作策略。通过这一定义，我们从中可以得出体育教学方法的定义为：体育教学方法是指在体育教学过程中，为了实现体育教学目标，教师指导学生学习体育教学内容，而形成的一整套关于体育教学方式的操作策略。体育教学方法是指在体育教学过程中，教师为了实现体育教学目标，完成体育教学任务而采用的、有计划的，可以产生教与学相互作用的、具有技术性的教学活动。目前，对于支架式教学法概念还没有统一明确的定义。在这里，暂将支架式教学法定义为：在课堂教学过程中,教师适时地、不间断地向学生提供多种形式的、建立在学生原有水平之上的学习"支架",如概念支架、问题支架、直观支架、同伴支架、反馈支架及体育教学中特有的诱导练习支架等,学生在多种形式的支架的帮助下,循序渐进地自主(主动)建构知识技术、掌握知识技能。

## 二、支架式教学法的特点

### (一)支架式教学是最近发展区内的教与学

支架式教学本质上是最近发展区内的教与学。教主要指教师的教,是指支架的设置必须要考虑学生现有的水平,支架的难度是建立在学生现有水平之上的;学主要是指学生的学,是指学生所学内容必须是学生通过支架的帮助能够达到的学习内容。

### (二)支架式教学以五环节作为教学模式

支架式教学包括搭脚手架、进入情境、独立探索、协作学习和效果评价五个环节。作为教学模式,以上各环节只是支架式教学模式的一般形式,是体现支架式教学思想和理念的讲课主体框架模式,但并不是一成不变的,可以根据学生的实际情况、教学内容等进行教学处理,增加或减少部分环节,也可以反复运用某些环节。

## 三、支架式教学理论在国内非体育教学领域的研究现状

支架式教学理论是近几年才传入我国的一种崭新的教学理论。通过各种途径收集到的国内非体育专业方面关于支架文献的论文近100余篇,主要集中在外语、计算机、数学等学科方面。其中,关于支架式教学外语学科方面的论文约47篇,计算机学科方面的论文约14篇,数学学科方面的论文约11篇,而化学和中文学科方面的论文各有7篇,物理学科方面的论文有4篇,生物和历史学科方面的论文各2篇,以及其他学科方面的论文共14篇。其研究内容也主要集中在支架方面、支架式教学模式及支架式教学效果三个方面。

（一）支架式教学中的"支架"方面

何善亮博士提出，体育教学中的"脚手架"亦称支架，是一种辅助物且形式多样，譬如：示范、提示或暗示等，学生借助支架的帮助可以完成本人无法独立完成的任务，并且支架要适时提供，适时去除，并能保证学生一直处于其最近发展区内，学习一些具有挑战性的内容。李伟提出，支架有以下几种：（1）概念支架，概念是指学生在学习过程中需要掌握的知识和规则；（2）问题支架，这里的问题"不是指那些零星的、肤浅的应答性提问，而是指能对教学过程起主导作用和支撑作用的提问或问题；（3）背景支架，指学习者所处的学习背景；（4）活动支架，这里的活动既可以是课内的活动，也可以是课外的活动。赵南和徐丽新认为，支架主要有两种类型。第一类支架即间接影响儿童认知过程的支架。这类支架能提醒儿童注意当前的学习任务，激发儿童参与的兴趣与动机，帮助儿童建立自信。第二类支架即直接影响儿童认知过程的支架。这类支架能激活儿童已有经验，向儿童解释当前学习任务、提供解决策略以及示范解决过程。张瑛认为，对于不同的新知识，需要搭建不同的"支架"。在搭建支架时，应注意其特殊和一般性问题。将教学内容巧妙地隐含于具体的任务之中，让学生通过探索问题的方式来保持学习的兴趣和积极性。另外，在搭建支架时，应围绕当前的学习主题，设计适合学生实际水平的合适"支架"。

通过以上观点可以看出，学者们对支架式教学中的"支架"的理解很有深度，认为：（1）"支架"能给学生提供指导，是一种形式和种类很多的教学辅助物；（2）学生在"支架"的帮助下，能完成自己无法独立完成的任务；（3）"支架"设置要讲究科学性，必须围绕学生的"最近发展区"，所设置的"支架"要能够激发学生的学习兴趣。

（二）支架式教学法及教学模式方面

王丽凤提出：（1）要围绕当前学习主题，按"最近发展区"的要求搭建框架，以问题为导向，组织学生独立探索、协商和讨论，完成对所学内容的意义建构和教学效果的评价；（2）支架式教学模式相比于传统教学模式，具有很大的进步，教学中师生关系发生了显著的变化，学生成为教学的中心和主体，成为知识的主动建构者，而教师则是"脚手架"的搭建者,不再是传统教学中的"填鸭"者;(3)支架式教学法在实践中还处在不成熟的阶段,在实际教学过程中,也存在着一些值得思考的问题。譬如:如何才能更好地因材施教,搭建不同层次的支架进行分层训练,如何才能更加合理地进行分组,这是教学活动中不能回避的问题。宋洁琳提出:(1)支架式教学由五个环节构成:搭建支架、进入情境、独立探索、协作学习和效果评价;(2)教师要根据学习者原有的水平,制定出学生"最近发展区",给学生设置高于现有能力的学习任务,学生通过一定的努力可以完成该任务;(3)教师要引导学生对任务进行深入的理解,鼓励学生协作学习和注重自己认知结构的建构过程。宋宝梅提出:(1)支架式教学主要由六个环节组成:搭支架、进入情境、尝试探索、独立探索、协作学习和效果评价;(2)教师要成为学生建构的帮助者,必须指引学生激发学习兴趣,引导学生把握学习过程和把问题引向深处,让学生加深对所学内容的理解;(3)学生要成为意义的主动建构者,必须学会用探索法和发现法去建构知识的意义、主动收集分析相关学习资料和将当前所学的内容尽量和自己已有的事物相联系,认真思考;(4)支架式教学模式能有效激发学生的学习兴趣、使教学过程程序化和凸显学习的主体性等优势。顾赤提出,支架式教学模式是一种很实用的教学方法,它是把教师对教学目标的界定、教学内容的选取、教学过程的实施和调控作为支架,通过教师对学生进行启发和帮助,逐步把管理调控的任务转交给学生,让学生自主、主动地进行学习,构建新的认知,并以师生协同讨论的方式进行学习效果的评价。这种教学模式体现了建构主义教育观。赵波等人提出,教师在教学中要引导学生通过真实的情境建立学习目标,使学生能内化所学的知识技能,进行更高层次的认知活动。简言之,就是通过支架(教师的引导)的帮助将管理和调控学习的任务逐渐转交给学生,最后撤去支架。张顺梅提出,支架式教学中教师应按照学生智力水平合理搭建"脚手架",并通过脚手架的支撑作用不停顿地让学生的智力从一个水平提升到另一个新的更高水平,真正做到使教学走到学生发展的前面。

归纳总结以上观点可以得出:(1)支架式教学模式由搭脚手架、进入情境、独立探索、协作学习和效果评价五个基本环节组成;(2)支架式教学模式跟传统的教学模式相比,具有很多优势;(3)支架式教学方法、模式等方面还存在着诸多问题,需要进一步完善;(4)支架式教学从本质上讲就是最近发展区内的教学。

（三）支架式教学及教学效果方面

顾赤提出，建构主义的支架式教学模式是以目标定向指引学生学习，学生需要认识到自己的学习目标，并形成与之相适应的动力，学习才能成功，才能内化所学的知识技能。这种教学模式强调学生的主体性和社会性的相互作用，对当前的教学改革具有重要意义。尹景书、浮玉玲提出：（1）支架式教学模式转变了学生的学习观念，激发了学生的学习兴趣，有利于培养自主学习能力、促进教学效果的提高；（2）这种教学模式转变了教师的角色，教师由课堂教学组织者、管理者转变为教学顾问、督促者等。张瑛提出，将支架式教学法运用于计算机专业英语教学取得了明显优于传统教学法的教学效果。该教学法充分发挥了学生主体作用和教师的主导作用。虽然在教学实践中取得了有效的成绩，但也存在着一些问题有待完善。杨春梅提出，支架式外语教学体现了以学生为中心的教学思想，学生由外部刺激的被动接受者转变为知识意义的主动建构者，同时教师也由知识的灌输者和传授者转变为学生主动建构知识的促进者和帮助者，有效地避免了传统教学的弊端，有利于教学质量的提高。陈雨宇提出，将支架式教学模式运用于大学英语听力教学，有效克服了传统听力教学模式的不足，充分发挥了教师的主导作用，同时也体现了学生的主体地位，调动了学生的兴趣和积极性，提高了学生的自主学习能力和听力水平，是一种行之有效的听力教学模式。张朵提出，将支架式教学法运用于写作教学中，有助于增强学生的写作兴趣和提高学生的写作水平。"支架"理论具有以下几方面的好处：（1）实现了以学生为中心的现代教学理念；（2）有效改变了教师的角色；（3）充分挖掘了学生的潜能，形成生动活泼的教学氛围。

总结以上观点可以得出：（1）支架式教学既发挥了教师的主导作用，也体现了"以学生为主体"的现代教学理念，体现了学习者智力与非智力协调统一的发展；（2）支架式教学能有效调动学生的兴趣和积极性，提高学生学习的主动性，充分挖掘学生学习的潜能，能有效改变传统教学中教师灌输、学生被动学习等方面的弊端；（3）支架式教学比传统的教学更能收到好的教学效果。

（四）支架式教学研究存在的主要问题

通过以上综述及对目前国内外学者对支架式教学相关资料的研究可知：目前对支架式教学的研究已有一定的成果，但其中也不乏局限性的存在。主要表现在以下几点：

（1）从支架式教学的理论层面来看，大部分研究者对支架式教学的理解和运用还处于不成熟阶段，致使支架式教学在运用中出现教学过程含糊不清、教学过程的可控性下降等问题。

（2）从支架式教学实践层面来看，目前这种教学法在外语、计算机、体育、物理、化学、数学、语文等科目均有运用，均取得过好的效果，但大都停留在模式的具体运用上。其中支架式教学法在体育教学的健美操和跨栏项目中运用过，在体育其他项目的运用还是一片空白，在羽毛球等小球类项目中也没有涉足，有待我们去开创和完善。

（3）从研究方法的层面来看，已有的研究成果基本上是以文献资料法和逻辑推理法为主，鲜见实验法、问卷调查法等研究方法的运用，存在着研究方法单一化、理论化等问题，需要我们用实证的方法和综合的方法进行全面地、系统地研究。

**四、支架式教学理论在体育教学中的应用**

（一）现阶段普通高校体育教学现状概述

目前我国体育教学主要受早年传统教学思想的影响，特别是苏联巴普洛夫经典条件反射理论多年来一直占据着主导地位。在这种理论的影响下，我国的传统体育教学形成了以技术、技能教学为主的教学过程体系，并长期在体育教育教学中占有十分重要的地位，成为当前体育教学活动中采用最多、最广泛的方法之一。刘雪勇提出，教师讲解和示范以及学生模仿学习的传统教学法不利于培养学生的独立性和创造性。传统的体育教学过程看似组织得井井有条，但实际的教学效果并不好，尤其是学生的实际运动能力和参与运动的积极性更是令人失望。马策提出，传统的体育教学过程过分强调动作学习的技术化，以掌握技术动作为主要的教学目的,致使学生大量的时间都用于重复技术动作的学习上,难以创设轻松、娱乐的教学氛围,因此,难以充分调动学生学习的主动性和积极性,进而严重阻碍了学生学习兴趣的提高。彭杰提出,传统体育教学过程以教师为中心,学生被动学习,整个教学过程缺乏教师与学生之间的互动,这种单向的师徒授受式的教学模式,不利于教学信息的交流与反馈,极大地影响了教学效果的提高。陈文杰提出,传统的体育教学法不能摆脱传统教授理论的束缚,过于注重于学生的技巧认知过程,涉及技术组合的教学时数较少,缺乏实际运用技术能力的培养,对智能训练、竞争与合作、创新能力培养等这些对人基本需求的重要方面几乎没有涉及。董建平提出,在学生掌握动作技巧的过程中,更需要培养其创造精神及应变能力,使学生能够在深入理解知识和技术的前提下,建立起对技术动作高度的练习兴趣和探索精神,并提高技术动作的实际运用能力,传统的教学方法已无法适应新的发展要求。

综上所述,传统体育教学方法陈旧单一,教学过程单调乏味、死板沉闷,注重学生技术认知目标的达成、结论性知识的掌握等,而轻视学生个性的培养、创新能力的培养以及学生非智力因素的培养,学生经常处于被动的、消极的学习状态,严重挫伤了学生学习的积极性和主动性,不能有效地激发和培养学生的学习兴趣,难以形成体育课程的长效机制,影响了教学质量的提高和优秀人才的培养。因此,体育教学方法的改革迫在眉睫。

(二)支架式教学在国内体育教学领域的研究现状

有关支架式教学在其他学科教学中的研究和应用较多,而在体育领域的研究和应用却很少,作者通过查阅近十多年的文献资料,检索到支架式教学关于体育教学领域的论文仅有5篇。其中最早的研究始于刘昕(2007)的《建构主义教学策略及其对体育教学的影响》。刘昕提出,建构主义理论对我国体育教学的改革具有重要的意义。但体育课程自身的学科特点和中西社会文化背景的差异以及自身理论的不完善等原因,要求我们在运用建构主义理论指导教学的实践时,要取其精华,去其糟粕。动作技能的学习不是纯粹的主观意义建构的结果,而应是主观与客观统一的过程,要求我们理性对待"尊重学生学习主体性"。同年王永平和樊临虎通过(2007)《建构主义学习理论下的体育教学模式探讨》提出,"支架式"体育教学中,为了学生对问题的进一步理解,教师应当为学生提供一种理念框架,亦即"情境平台",学生站在这个"情境平台"上,通过教师对问题的分解,逐步深入地理解问题。以直道跨栏跑为例,有学者对支架式教学模式的环节进行了研究,提出支架式体育教学模式由五个部分组成:(1)搭架,教师可以配合示范动作、挂图等让学生建立直道跨栏跑的概念;(2)进入情境,鼓励素质好的学生先试跨低栏,真实体验跨栏技术;(3)独立探索或分组探索,教师指导学生练习跨栏技术,起初的指导和帮助要多一些,以后逐渐放手让学生自己去探索;(4)团队合作,要求学生在集思广益的基础上完成对所学知识的意义建构;(5)效果评价。吴红雨在 2008 年发表《体育教育专业健美操普修课支架式教学的研究》一文,通过文献资料法、问卷调查法、数理统计法、访谈法、教学实验法及逻辑分析法等研究方法对东华理工大学体育系体育教育专业 2006 级学生进行了实验研究,提出:(1)支架式教学模式创建了学习型组织,体现了整体化的教育观;(2)支架式教学模式实现了智力与非智力发展的协调与统一,实现了培养创新精神的教育观。2009 年,刘晓迪通过《支架式教学法在体育与健康理论中的应用》提出,体育教师运用支架式教学法进行教学时需注意三方面的问题:(1)教师应明确自己的角色,充分发挥其主导作用;(2)教师必须找准学生的最近发展区;(3)教师要向学生提供有效的、动态的支架。

**五、支架式教学法与传统教学法的比较**

(一)支架式教学法与传统教学法教学模式的比较

支架式教学法的教学过程主要包括 5 个环节,其模式如图 1-1 所示。

从图 1-1 可见,支架式教学法是教师在教学过程中通过搭建支架→进入情境→独立探索→协作学习→效果评价这五个环节的推进来组织教学过程的。而在此过程中,教师适时不间断地为学生提供多种形式的学习支架,学生在支架的帮助下主动建构,掌握知识或技术。

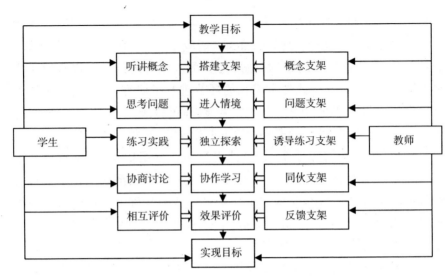

图1-1　支架式教学法教学过程

传统教学法教学过程如图1-2所示。从图1-2可见,传统教学过程中,教师是通过动作要领的示范→讲解→分解练习→完整练习→巩固提高→熟练掌握这几个环节来推进和组织教学过程的。在此过程中,教师主要通过动作要领的示范、讲解及纠错来指导学生学习,学生按照教师的要求去练习动作,掌握技术。

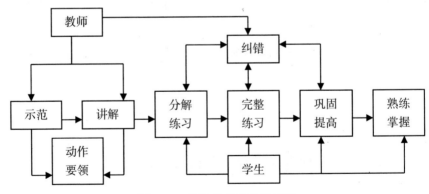

图1-2　传统教学法教学过程

两种教学法最大的区别在于教学的侧重点不同,支架式教学法侧重于教师提供支架,学习者在支架的帮助下,主动建构、掌握知识技能,是一种主动学习的过程;而传统教学法(技巧教学法)侧重于(动作要领)讲解和示范,学习者遵照教师的要求练习,被动接受、掌握知识技能,是一种被动学习的过程。

（二）支架式教学法与传统教学法学习方式的比较

支架式教学法与传统教学法的比较如表所示（见表1-1）。

表1-1　支架式教学法与传统教学法学习方式的比较

| 支架式教学 | 传统教学 |
|---|---|
| 以学生为中心 | 以教师为中心 |
| 强调动作的感悟 | 强调动作的模仿 |
| 讲究主体的领悟与体会 | 讲究动作的记忆 |
| 个性化学习 | 标准化学习 |
| 要求团结协作，分享总结经验，解决问题为导向 | 要求人人学习，接受程序化的知识为导向 |

**六、大学体育课程支架式教学设计中的教师教育**

支架式教学法在体育课中的运用主要是通过支架式教学模式来体现的。支架式教学模式主要表现为以下几个环节：

第一步，搭建支架（整体支架设计），向学生讲解本次课的教学内容以及目标任务等（概念支架），让学生对教学目标、教学任务及教学内容的概念有个大概的了解。教师事先要将复杂的完整技术动作加以分解（框架的几个节点），分解成几个关键的技术节点，为下一步进入情境做准备。

第二步，进入情境（问题支架），将学生引入一定的问题情境（即框架中的某个节点）。以某一个节点为问题导向，提出问题让学生思考。

第三步，独立探索（诱导练习支架）。首先，学生在问题导向及教师正确示范的基础上，独立探索学习掌握技术动作。然后，教师给学生提供几种适合诱导练习"支架"（建立在学生原有技术水平基础上）。让学生熟练掌握，同时辅以示范、提示等的运用。最后，学生在问题"支架"、诱导练习"支架"及教师直观"支架"等的帮助下，主动建构技术动作，基本完成从现在技术水平到第一个技术节点直至最后一个技术节点的过渡，主动建构技术动作，达到对技术动作的初步掌握。

　　第四步,协作学习(同伙支架),与小组协商讨论,在共享集体智慧的基础上,进一步深化对技术动作的理解和掌握,从对技术动作的感性认识向理性认识过渡。

　　第五步,效果评价(反馈支架),在教师的组织帮助下,通过各种评价方式来使学生达到对动作技能的熟练掌握和理性的认知目的。评价内容包括学生个人的自我评价与学习小组对个人的学习评价。

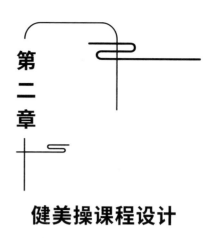

# 第二章

## 健美操课程设计

# 第一节　健美操普修课程设计

### 一、课程简介

《健美操》课程是体育教育专业的一门专业必修课程。它的任务是通过本课程教学使学生系统地掌握健美操运动的基本理论、基本技术和基本技能,使学生具有从事健美操初级教学训练的知识与方法并具备组织中等规模健美操比赛以及社会体育活动裁判工作的能力。

### 二、课程目标

课程目标 1:通过本课程的学习,准确掌握健美操概述、健美操基本步伐术语、健美操创编等有关理论知识,学会运用健美操基础动作、基本技术、创编知识来解决健美操实践中的相关问题。侧重培养学生利用健美操基础知识进行健美操基本步伐教学的实践能力,使学生能够运用健美操初级教学方法和相关专业知识胜任中小学健美操教学。

课程目标 2:通过学习,使学生塑造完美的体型和姿态,能快速模仿

动作、记忆动作、规范动作、分析动作组合、创编健美操队形、造型,重点
突出培养学生的健美操钻研精神与创新能力。

课程目标3:通过本课程的学习,使学生具备健美操的自学能力、健
美操规定操改编能力,在小组合作中完成规定操改编,进一步培养学生
的团队协作能力与集体主义精神。

课程目标4:通过以学生为主体的学习,使学生达到增进健康、塑造
形体、陶冶情操的目的,形成良好的健美操健身习惯,为全民健身活动
的开展贡献力量。同时,以乐观积极的态度、一定的社会责任感为群众
性健美操运动的开展服务。

### 三、教学进程安排(见表 2-1)

表 2-1  普修课程教学进程安排

| 周次 | 学时数 | 教学主要内容 | 教学方法 |
|---|---|---|---|
| 1 | 2 | 健美操基本动作<br>基本动作的变化 | 课堂讲授、小组讨论<br>案例教学、演示实验<br>实践探究、课堂报告<br>自主学习、翻转课堂 |
| 2 | 2 | 健美操基本动作<br>基本动作的变化 | 课堂讲授、小组讨论<br>案例教学、演示实验<br>实践探究、课堂报告<br>自主学习、翻转课堂 |
| 3 | 2 | 学生实习实践<br>5分钟基本步伐带操<br>时尚健身操一级规定动作 | 课堂讲授、小组讨论<br>案例教学、演示实验<br>实践探究、课堂报告<br>自主学习、翻转课堂 |
| 4 | 2 | 学生实习实践<br>5分钟基本步伐带操<br>时尚健身操一级规定动作 | 课堂讲授、小组讨论<br>案例教学、演示实验<br>实践探究、课堂报告<br>自主学习、翻转课堂 |
| 5 | 2 | 学生实习实践<br>5分钟基本步伐带操<br>复习时尚健身操一级规定套路 | 课堂讲授、小组讨论<br>案例教学、演示实验<br>实践探究、课堂报告<br>自主学习、翻转课堂 |

| 周次 | 学时数 | 教学主要内容 | 教学方法 |
|---|---|---|---|
| 6 | 2 | 学生实习实践<br>5分钟基本步伐带操<br>时尚健身操一级规定动作考核 | 课堂讲授、小组讨论<br>案例教学、演示实验<br>实践探究、课堂报告<br>自主学习、翻转课堂 |
| 7 | 2 | 学生实习实践<br>5分钟基本步伐带操<br>时尚健身操二级规定动作 | 课堂讲授、小组讨论<br>案例教学、演示实验<br>实践探究、课堂报告<br>自主学习、翻转课堂 |
| 8 | 2 | 学生实习实践<br>5分钟基本步伐带操<br>时尚健身操二级规定动作 | 课堂讲授、小组讨论<br>案例教学、演示实验<br>实践探究、课堂报告<br>自主学习、翻转课堂 |
| 9 | 2 | 学生实习实践<br>5分钟基本步伐带操<br>复习时尚健身操二级规定动作 | 课堂讲授、小组讨论<br>案例教学、演示实验<br>实践探究、课堂报告<br>自主学习、翻转课堂 |
| 10 | 2 | 学生实习实践<br>5分钟基本步伐带操<br>时尚健身操二级规定动作考核 | 课堂讲授、小组讨论<br>案例教学、演示实验<br>实践探究、课堂报告<br>自主学习、翻转课堂 |
| 11 | 2 | 健美操基本知识 | 课堂讲授、小组讨论<br>案例教学、演示实验<br>实践探究、课堂报告<br>自主学习、翻转课堂 |
| 12 | 2 | 规定操改编考核 | 课堂讲授、小组讨论<br>案例教学、演示实验<br>实践探究、课堂报告<br>自主学习、翻转课堂 |

## 四、教学内容

（一）健美操基础知识（2学时，支撑课程目标1）

1. 教学内容

（1）健美操运动起源与发展，健美操分类与特点。

（2）健美操术语。

（3）健美操音乐基本结构。

（4）健美操造型、队形设计。

2. 课程思政

（1）责任与义务帮助全民参与健身活动。

（2）尊重品德与探索精神。

（3）专业素养要求。

（4）学生的体育教育情怀。

（5）学科创新意识、精神与创新能力。

3. 能力要求

（1）了解健美操发展趋势,理解健美操分类与特点、健美操造型与队形设计方法。

（2）熟练掌握健美操基本技术和基本步伐的专业术语、动作要点、练习方法与教学手势。

4. 教学重点

（1）健美操基本技术。

（2）基本步伐专业术语的运用。

5. 教学难点

（1）健美操基本步伐专业术语。

（2）健美操基本步伐教学手势。

6. 作业／讨论

（1）健美操锻炼的价值。

（2）记写健美操基本步伐术语。

（二）健美操基本动作与技术（4 学时，支撑课程目标 3、4）

1．教学内容

（1）健美操基本步伐。
（2）健美操基本技术。

2．课程思政

（1）前期付出会有后期收获的理念。
（2）正确的人生观、价值观。
（3）不要盲目崇拜，有自己的个性品质，不做跟流派。
（4）做事情要找准自己的定位。
（5）正确地激励员工也是一种理念与力量。
（6）关爱学生的成长与发展。
（7）爱国、爱家、爱学生的大情怀。

3．能力要求

（1）了解健美操基本动作分类、基本动作技术要点及练习方法。
（2）能够对基本步伐进行 5 种创新变化。

4．教学重点

（1）健美操基本步伐的规范练习。
（2）健美操基本动作的手势运用。

5．教学难点

（1）健美操教学音乐、健美操基本步伐教学提示、手势提示、语言提示等健美操教学技巧的合理应用。
（2）健美操基本步伐的 5 种变化。

6. 作业 / 讨论

（1）练习健美操基本步伐动作。
（2）练习健美操基本步伐，带操拍练习视频，并做出教学反思。

（三）健美操规定套路（16 学时，支撑课程目标 1、2、3、4）

1. 教学内容

（1）时尚健美操规定套路 1 级。
（2）时尚健美操规定套路 2 级。

2. 课程思政

（1）体育教育责任感。
（2）钻研态度与意识。
（3）乐于助人、甘于奉献的价值观。
（4）融入尊师重教的价值观。
（5）社会责任感。

3. 能力要求

（1）熟练掌握时尚健美操规定套路。
（2）能够分析健美操规定套路组合动作名称。

4. 教学重点

（1）规定套路的动作规范、控制姿态，提高动作幅度与力度。
（2）规定套路的组合动作分析。

5. 教学难点

（1）规定套路动作规范、动作路线、动作力度的控制。
（2）规定套路组合动作分析，换脚动作的分析。

6. 作业 / 讨论

（1）提交每周 3 次以上的练习视频。

（2）课堂完成规定套路的组合动作分析。

（四）健美操规定套路改编（2 学时，支撑课程目标 2、3）

1. 教学内容

（1）时尚健美操规定套路 1 级改编。
（2）时尚健美操规定套路 2 级改编。

2. 课程思政

（1）找准自己的合伙人。
（2）团队协作、集体主义精神与团队精神。
（3）人际交往能力。
（4）竞争意识与不服输的品质。
（5）个人表现能力。
（6）树立正确维护自我版权的法律意识。

3. 能力要求

（1）规定套路改编，设计开始、结束造型、6-8 人的四次队形。
（2）能够团结协作，完成小组规定套路的改编。

4. 教学重点

（1）规定套路每一个组合动作改编 3 个以上。
（2）成套表演操开始、结束造型的设计以及变化队形的创编。

5. 教学难点

（1）集体配合完成改编操的表演，动作统一、规范。
（2）充分考虑到小组成员的个人情况，考核评价学生的个人表现。

6. 作业／讨论

（1）创编开始、结束造型并拍照。
（2）小组规范完成改编操的电子版教案。

## 五、教学方法建议

（1）采用传统教学法与支架式教学法相结合的教法,在实践教学过程中采用学生个体自主学习与教师给予"支架"指导相结合的教学模式,充分发挥学生的主体性和主观能动性,培养学生对健美操学习的兴趣,调动学生参与实践的积极性。

（2）帮助学生建立自主探究和协作互动的学习方式,重点突出学生实践能力的培养,即：快速模仿记忆的能力、自学能力、表演能力、组织教学与纠错能力、记写能力、合作与互助能力以及审美评判能力。

## 六、课程考核对课程目标的支撑

（一）课程考核方式及成绩评定方法

本课程为考查课程。总成绩由平时考核成绩和期末考核成绩两部分组成,采用百分制,合并计算总成绩(其中平时考核占30%、期末考核占70%)。具体情况如下：

（1）平时考核部分：包括课堂考勤、课堂表现、课后作业、随堂测试等。由任课教师在教学过程中进行检查考核,并在课程结束后汇总完成,占课程考核总成绩的30%。

（2）期末考核部分：包括理论作业、规定套路考试和创编能力考核（见表2-2）。

理论作业：在课程结束后的学期期末采用答题册的方式完成,占课程结课考核总成绩的10%。规定套路考试和创编能力考核在课程教学结束时采用集体统一考试的方式完成,占课程结课考核总成绩的60%。

表2-2 课程目标与考核方式对应表

| 支撑毕业要求 | 课程目标 | 考核与评价方式及成绩比例（%） | | | | 课程目标权重 |
|---|---|---|---|---|---|---|
| | | 学习表现 | 课后作业 | 随堂测试 | 期末考核 | |
| | 课程目标1 | | | | 10 | 10 |
| 指标点1-4 | 课程目标2 | 5 | 5 | | 40 | 50 |

| 支撑毕业要求 | 课程目标 | 考核与评价方式及成绩比例(%) | | | | 课程目标权重 |
|---|---|---|---|---|---|---|
| | | 学习表现 | 课后作业 | 随堂测试 | 期末考核 | |
| 指标点 2-3 | 课程目标 3 | | | | 20 | 20 |
| 指标点 2-4 | 课程目标 4 | 10 | 5 | 5 | | 20 |

（二）课程目标与评分标准的对应关系（见表 2-3）

表 2-3　课程目标与评分标准的对应关系

| 课程目标 | 指标点 | 评分标准 | | | |
|---|---|---|---|---|---|
| | | 优秀（0.9-1.0） | 良好（0.70-0.89） | 合格（0.60-0.69） | 不合格（0-0.59） |
| 课程目标 1 | | 熟练掌握健美操发展趋势，理解健美操分类与特点、健美操造型与队形设计方法。熟练掌握健美操基本技术和基本步伐的专业术语、动作要点、练习方法与教学手势 | 熟练掌握健美操发展趋势，理解健美操分类与特点、健美操造型与队形设计方法。较好掌握健美操基本技术和基本步伐的专业术语、动作要点、练习方法与教学手势 | 基本掌握健美操发展趋势，理解健美操分类与特点、健美操造型与队形设计方法以及基本掌握健美操基本技术和基本步伐的专业术语、动作要点、练习方法与教学手势 | 不能掌握健美操发展趋势，理解健美操分类与特点、健美操造型与队形设计方法。不能掌握健美操基本技术和基本步伐的专业术语、动作要点、练习方法与教学手势 |
| 课程目标 2 | 对应毕业要求 1-4 | 能够熟练达到快速模仿动作、记忆动作、规范动作、分析动作组合、创编健美操队形、造型，具有较强的健美操钻研精神与创新能力 | 能够达到快速模仿动作、记忆动作、规范动作、分析动作组合、创编健美操队形、造型，具有一定的健美操钻研精神与创新能力 | 基本能达到快速模仿动作、记忆动作、规范动作、分析动作组合、创编健美操队形、造型，具有基本的健美操钻研精神与创新能力 | 不能够达到快速模仿动作、记忆动作、规范动作、分析动作组合、创编健美操队形、造型，不具备健美操钻研精神与创新能力 |

| 课程目标 | 指标点 | 评分标准 | | | |
|---|---|---|---|---|---|
| | | 优秀<br>（0.9–1.0） | 良好<br>（0.70–0.89） | 合格<br>（0.60–0.69） | 不合格<br>（0–0.59） |
| 课程目标3 | 对应毕业要求2-3 | 具备良好的健美操的自学能力、成套健美操创编能力，在小组合作中能够完成成套健美操的创编，团队协作能力与集体主义精神 | 具备较好的健美操的自学能力、成套健美操创编能力，在小组合作中完成成套健美操的创编，团队协作能力与集体主义精神 | 具备基本的健美操的自学能力、成套健美操创编能力，在小组合作中基本能够完成成套健美操的创编，团队协作能力与集体主义精神 | 不具备健美操的自学能力、成套健美操创编能力，在小组合作中不能够完成成套健美操的创编，团队协作能力与集体主义精神 |
| 课程目标4 | 对应毕业要求2-4 | 能够形成良好的健美操健身习惯，积极主动为全民健身活动的开展贡献力量。同时，能够以乐观积极的态度、一定的社会责任感为群众性健美操运动的开展服务 | 能够形成良好的健美操健身习惯，能够为全民健身活动的开展贡献力量。同时，能够以乐观积极的态度、一定的社会责任感为群众性健美操运动的开展服务 | 基本能够形成良好的健美操健身习惯，可以为全民健身活动的开展贡献力量。同时，基本上能够以乐观积极的态度、一定的社会责任感为群众性健美操运动的开展服务 | 没有形成良好的健美操健身习惯，无法为全民健身活动的开展贡献力量。同时，不能够以乐观积极的态度、一定的社会责任感为群众性健美操运动的开展服务 |

# 第二节　健美操专业选修课程 A 标准设计

## 一、课程简介

本课程是体育教育专业的一门专业选修课程。它的任务是通过本课程教师各个环节的理论教学、实践教学与学生健美操实习实践活动，使学生系统地掌握健美操运动的基本理论、基本技术和基本技能，使学生具有从事健美操初级教学训练的知识与方法并具备组织中等规模健美操比赛以及社会体育活动裁判工作的能力,本课程为后续课程《专项理论与实践 B/C（健美操）》等专项提高课程的学习奠定基础。

## 二、课程目标

课程目标 1：通过本课程的学习,准确掌握健美操概述、健美操基本步伐术语、健美操创编等有关理论知识,学会运用健美操基础动作、基本技术、创编知识来解决健美操实践中的相关问题。侧重培养学生利用健美操基础知识进行健美操基本步伐教学的实践能力,使学生能够运用健美操初级教学方法和相关专业知识胜任中小学健美操教学。

课程目标 2：通过学习,使学生塑造完美的体型和姿态,能快速模仿动作、记忆动作、规范动作、分析动作组合、创编健美操队形与造型、创编 32 拍初级组合,重点突出培养学生的健美操钻研精神与创新能力。

课程目标 3：通过学习,使学生具备健美操的自学能力、健美操规定操改编能力以及初级组合创编能力,在小组合作中完成规定操改编,进一步培养学生的团队协作能力与集体主义精神。

课程目标 4：通过以学生为主体的学习,使学生达到增进健康、塑造形体、陶冶情操的目的,形成良好的健美操健身习惯,为全民健身活动的开展贡献力量。同时,以乐观积极的态度、一定的社会责任感为群众性健美操运动的开展服务。

## 三、教学进程安排（见表 2-4）

表 2-4　专业选修课程 A 标准教学进程安排

| 周次 | 学时数 | 教学主要内容 | 教学方法 |
| --- | --- | --- | --- |
| 1 | 4 | 理论：健美操概述与发展趋势<br>理论：健美操基本动作及其术语 | 课堂讲授、小组讨论<br>案例教学、演示实验<br>实践探究、课堂报告<br>自主学习、翻转课堂 |
| 2 | 4 | 健美操专项身体素质练习<br>健美操基本动作<br>基本动作的变化 | 课堂讲授、小组讨论<br>案例教学、演示实验<br>实践探究、课堂报告<br>自主学习、翻转课堂 |

| 周次 | 学时数 | 教学主要内容 | 教学方法 |
|---|---|---|---|
| 3 | 4 | 健美操专项身体素质练习<br>学生实习实践<br>5分钟基本步伐带操<br>大众三套一级规定动作 | 课堂讲授、小组讨论<br>案例教学、演示实验<br>实践探究、课堂报告<br>自主学习、翻转课堂 |
| 4 | 4 | 健美操专项身体素质练习<br>学生实习实践<br>5分钟基本步伐带操<br>大众三套一级规定动作 | 课堂讲授、小组讨论<br>案例教学、演示实验<br>实践探究、课堂报告<br>自主学习、翻转课堂 |
| 5 | 4 | 健美操专项身体素质练习<br>学生实习实践<br>5分钟基本步伐带操<br>大众三套二级规定动作 | 课堂讲授、小组讨论<br>案例教学、演示实验<br>实践探究、课堂报告<br>自主学习、翻转课堂 |
| 6 | 4 | 健美操专项身体素质练习<br>学生实习实践<br>5分钟基本步伐带操<br>大众三套二级规定动作 | 课堂讲授、小组讨论<br>案例教学、演示实验<br>实践探究、课堂报告<br>自主学习、翻转课堂 |
| 7 | 4 | 1.健美操专项身体素质练习<br>学生实习实践<br>5分钟基本步伐带操<br>复习大众三套一级规定动作<br>大众三套二级规定动作<br>2.健美操专项身体素质练习<br>学生实习实践<br>5分钟基本步伐带操<br>时尚健身操一级规定动作 | 课堂讲授、小组讨论<br>案例教学、演示实验<br>实践探究、课堂报告<br>自主学习、翻转课堂 |
| 8 | 4 | 健美操专项身体素质练习<br>学生实习实践<br>5分钟基本步伐带操<br>时尚健身操一级规定动作 | 课堂讲授、小组讨论<br>案例教学、演示实验<br>实践探究、课堂报告<br>自主学习、翻转课堂 |
| 9 | 4 | 1.健美操专项身体素质练习<br>学生实习实践<br>5分钟基本步伐带操<br>时尚健身操一级规定动作<br>2.理论:健美操组合创编 | 课堂讲授、小组讨论<br>案例教学、演示实验<br>实践探究、课堂报告<br>自主学习、翻转课堂 |

| 周次 | 学时数 | 教学主要内容 | 教学方法 |
|---|---|---|---|
| 10 | 4 | 1. 理论：健美操教学理论<br>2. 健美操专项身体素质练习<br>学生实习实践<br>5分钟基本步伐带操<br>时尚健身操二级规定动作 | 课堂讲授、小组讨论<br>案例教学、演示实验<br>实践探究、课堂报告<br>自主学习、翻转课堂 |
| 11 | 4 | 健美操专项身体素质练习<br>学生实习实践<br>5分钟基本步伐带操<br>时尚健身操二级规定动作 | 课堂讲授、小组讨论<br>案例教学、演示实验<br>实践探究、课堂报告<br>自主学习、翻转课堂 |
| 12 | 4 | 1. 健美操专项身体素质练习<br>学生实习实践<br>5分钟基本步伐带操<br>时尚健身操二级规定动作<br>2. 健美操专项身体素质练习<br>学生实习实践<br>5分钟基本步伐带操<br>复习时尚健身操一级规定动作、时尚健身操二级规定动作 | 课堂讲授、小组讨论<br>案例教学、演示实验<br>实践探究、课堂报告<br>自主学习、翻转课堂 |
| 13 | 4 | 1. 健美操专项身体素质练习<br>学生实习实践<br>5分钟基本步伐带操<br>大众三套三级规定动作<br>2. 健美操专项身体素质练习<br>学生实习实践<br>5分钟基本步伐带操<br>大众三套三级规定动作 | 课堂讲授、小组讨论<br>案例教学、演示实验<br>实践探究、课堂报告<br>自主学习、翻转课堂 |
| 14 | 4 | 健美操专项身体素质练习<br>学生实习实践<br>5分钟基本步伐带操<br>大众三套三级规定动作 | 课堂讲授、小组讨论<br>案例教学、演示实验<br>实践探究、课堂报告<br>自主学习、翻转课堂 |
| 15 | 4 | 1. 健美操专项身体素质练习<br>学生实习实践<br>5分钟基本步伐带操<br>复习大众三套三级规定动作、时尚健身操二级规定动作<br>2. 健美操专项身体素质练习<br>考核时尚健身操二级规定动作 | 课堂讲授、小组讨论<br>案例教学、演示实验<br>实践探究、课堂报告<br>自主学习、翻转课堂 |

| 周次 | 学时数 | 教学主要内容 | 教学方法 |
|---|---|---|---|
| 16 | 4 | 1.健美操专项身体素质练习<br>考核大众三套三级规定动作<br>2.健美操专项身体素质练习<br>考核32拍自编组合 | 课堂讲授、小组讨论<br>案例教学、演示实验<br>实践探究、课堂报告<br>自主学习、翻转课堂 |

## 四、教学内容、基本要求及课程思政

（一）健美操基础知识（2学时，支撑课程目标1）

1.教学内容

（1）健美操概念、健美操运动起源与发展。

（2）健美操分类。

（3）健美操特点。

（4）健美操锻炼价值。

2.课程思政

（1）社会责任与义务。

（2）尊重品德与探索精神。

（3）身体健康是第一，树立生命价值观念。

（4）为大众健身服务、为中小学生教学服务的价值观。

（5）学科创新意识与精神。

3.能力要求

（1）了解健美操发展趋势，掌握健美操分类与特点、健美操的锻炼价值。

（2）熟练掌握健美操概念，提高对健美操运动的价值认知。

4.教学重点

（1）健美操概念。

（2）健美操锻炼价值。

5.教学难点

（1）健美操发展趋势。
（2）健美操锻炼价值。

6.作业／讨论

（1）健美操锻炼的价值。
（2）记写健美操分类。

（二）健美操术语（2学时，支撑课程目标1）

1.教学内容

（1）健美操术语概念。
（2）健美操动作术语。
（3）健美操动作技术要求。
（4）健美操动作分类。
（5）健美操动作的变化。

2.课程思政

（1）高度的责任感。
（2）探索精神。
（3）学科创新意识、创新能力。
（4）勇敢展示的精神与意识。

3.能力要求

（1）了解健美操步伐术语概念，掌握健美操动作术语及五种变化的方法。
（2）熟练掌握健美操基本技术和基本步伐的专业术语、动作要点、练习方法。

4. 教学重点

（1）健美操上肢动作术语。
（2）基本步伐专业术语的运用。

5. 教学难点

（1）健美操基本步伐专业术语。
（2）健美操基本步伐教学手势。

6. 作业 / 讨论

（1）记写健美操基本步伐术语。
（2）健美操基本技术有哪些?

（三）健美操组合创编（2 学时，支撑课程目标 1）

1. 教学内容

（1）健美操创编原则。
（2）健美操组合创编方法与步骤。
（3）健美操 32 拍自编步伐组合。

2. 课程思政

（1）科学健身的价值观。
（2）探索精神与创新意识。
（3）必备的专业素养要求。
（4）为大众健身服务、为中小学生教学服务的价值观。

3. 能力要求

（1）了解健美操规定套路结构、健美操创编原则，掌握健美操创编的基本方法和步骤。
（2）利用所学知识分解每一个组合的基本动作名称，熟练掌握 32 拍健美操组合创编方法，能够实践创编 32 拍自编步伐组合，小组完成规定套路改编。

4. 教学重点

（1）健美操 32 拍组合创编方法。
（2）健美操 32 拍组合的正反对称。

5. 教学难点

（1）健美操 32 拍组合创编方法与步骤。
（2）32 拍自编组合正反对称。

6. 作业／讨论

（1）创编健美操 32 拍自编步伐组合。
（2）用健美操专业术语记写 32 拍自编步伐组合。

（四）健美操教学理论 1（2 学时，支撑课程目标 1）

1. 教学内容

（1）健美操教学目的意义。
（2）健美操教学技巧。
（3）健美操教学示范。
（4）健美操教学提示。
（5）健美操教学方法。

2. 课程思政

（1）高度的责任感。
（2）学科的探索精神。
（3）学生的体育教育情怀。

3. 能力要求

（1）了解健美操教学目的与意义，掌握健美操教学技巧、示范、提示以及教学方法。
（2）熟练掌握健美操 5 分钟热身操教学方法、语言教学提示、手势提示、音乐的运用，并进行健美操基本步伐的实践教学，掌握健美操的 6

种教学方法。

4. 教学重点

（1）健美操教学方法的实践运用。

（2）健美操音乐的合理运用。

5. 教学难点

（1）健美操教学方法。

（2）健美操教学手势、语言提示的熟练掌握以及健美操音乐的合理运用。

6. 作业／讨论

（1）健美操基本步伐手势提示教学。

（2）拍健美操步伐手势提示动作练习视频。

（五）健美操基本动作与技术（8 学时，支撑课程目标 3、4）

1. 教学内容

（1）健美操基本步伐。

（2）健美操基本技术。

2. 课程思政

（1）扎实的基础。

（2）紧跟中国共产党的正确领导。

（3）树立正确的人生观、价值观。

（4）不要盲目崇拜，有自己的个性品质，不做跟流派。

（5）做事情要找准自己的定位。

（6）正确的引导与指向。

（7）正确地激励员工也是一种理念与力量。

（8）融入爱国、爱家、爱学生的大情怀。

3. 能力要求

（1）了解健美操基本动作分类、基本动作技术要点及练习方法。
（2）能够对基本步伐进行 5 种变化的创新变化。

4. 教学重点

（1）健美操基本步伐的规范练习。
（2）健美操基本动作的手势运用。

5. 教学难点

（1）健美操教学音乐、健美操基本步伐教学提示、手势提示、语言提示等健美操教学技巧的合理应用。
（2）健美操基本步伐的 5 种变化。

6. 作业 / 讨论

（1）练习健美操基本步伐动作。
（2）练习健美操基本步伐，拍练习视频，并做出教学反思。

（六）健美操规定套路（44 学时，支撑课程目标 1、2、3、4）

1. 教学内容

（1）大众健美操锻炼标准第三套一级。
（2）大众健美操锻炼标准第三套二级。
（3）大众健美操锻炼标准第三套三级。
（4）时尚健美操规定套路一级。
（5）时尚健美操规定套路二级。
（6）健美操 32 拍自编初级组合。

2. 课程思政

（1）认真、负责。
（2）学生追求个人形体塑造自信心。
（3）责任与义务、社会责任感。

（4）钻研态度与意识。

（5）创新意识与能力。

（6）乐于助人、甘于奉献的价值观。

（7）尊师重教的价值观。

（8）奉献自己的一份力量。

3. 能力要求

（1）熟练掌握时尚健美操规定套路。

（2）能够分析健美操规定套路组合动作名称。

4. 教学重点

（1）规定套路的动作规范、控制姿态，提高动作幅度与力度。

（2）规定套路的组合动作分析。

5. 教学难点

（1）规定套路动作规范、动作路线、动作力度的控制。

（2）规定套路组合动作分析，换脚动作的分析。

6. 作业／讨论

（1）提交每周3次以上的练习视频。

（2）课堂完成规定套路的组合动作分析。

（七）健美操规定套路改编（4学时，支撑课程目标2、3）

1. 教学内容

（1）时尚健美操规定套路1级改编。

（2）时尚健美操规定套路2级改编。

2. 课程思政

（1）找准自己的合伙人。

（2）团队协作、集体主义精神与团队精神。

（3）人际交往能力。

（4）竞争意识与不服输的品质。

（5）树立正确维护自我版权的法律意识。

3. 能力要求

（1）规定套路改编，设计开始、结束造型、6-8人的四次队形。

（2）能够团队协作，完成小组规定套路的改编。

4. 教学重点

（1）规定套路每一个组合动作改编3个以上。

（2）成套表演操开始、结束造型的设计以及变化队形的创编。

5. 教学难点

（1）集体配合完成改编操的表演，动作统一、规范。

（2）充分考虑到小组成员的个人情况，考核评价学生个人表现。

6. 作业 / 讨论

（1）创编开始、结束造型并拍照。

（2）小组规范完成改编操的电子版教案。

## 五、教学方法建议

（1）采用传统教学法与支架式教学法相结合的教法，在实践教学过程中采用学生个体自主学习与教师给予"支架"指导相结合的教学模式，充分发挥学生主体性、主观能动性，培养学生对健美操学习的兴趣，调动学生参与实践的积极性。

（2）帮助学生建立自主探究和协作互动的学习方式，重点突出学生实践能力的培养，即：快速模仿记忆的能力、自学能力、表演能力、创编能力、组织教学与纠错能力、记写能力、合作与互助能力以及审美评判能力。

### 六、课程考核对课程目标的支撑

（一）课程考核方式及成绩评定方法

本课程为考查课程。总成绩由平时考核成绩和期末考核成绩两部分组成，采用百分制，合并计算总成绩（其中平时考核占 30%、期末考核占 70%）。具体情况如下：

（1）平时考核部分：包括课堂考勤、课堂表现、课后作业、随堂测试等。由任课教师在教学过程中进行检查考核，并在课程结束后汇总完成，占课程考核总成绩的 30%。

（2）期末考核部分：包括理论作业、规定套路考试和创编能力考核（见表 2-5）。

理论作业：在课程结束后的学期期末采用答题册的方式完成，占课程结课考核总成绩的 10%。规定套路考试和创编能力考核在课程教学结束时采用集体统一考试的方式完成，占课程结课考核总成绩的 60%。

表 2-5 · 课程目标与考核方式对应表

| 支撑毕业要求 | 课程目标 | 考核与评价方式及成绩比例（%） | | | | 课程目标权重 |
|---|---|---|---|---|---|---|
| | | 学习表现 | 课后作业 | 随堂测试 | 期末考核 | |
| | 课程目标 1 | | | | 10 | 10 |
| 指标点 1-4 | 课程目标 2 | | 5 | 5 | 40 | 50 |
| 指标点 2-3 | 课程目标 3 | | | | 20 | 20 |
| 指标点 2-4 | 课程目标 4 | 10 | 5 | 5 | | 20 |
| 合计 | | 10 | 10 | 10 | 70 | 100 |

（二）课程目标与评分标准的对应关系（见表2-6）

表2-6　课程目标与评分标准的对应关系

| 课程目标 | 指标点 | 评分标准 | | | |
|---|---|---|---|---|---|
| | | 优秀（0.9-1.0） | 良好（0.70-0.89） | 合格（0.60-0.69） | 不合格（0-0.59） |
| 课程目标1 | | 熟练掌握健美操发展趋势，理解健美操分类与特点、健美操造型与队形设计方法。熟练掌握健美操基本技术和基本步伐的专业术语、动作要点、练习方法与教学手势 | 熟练掌握健美操发展趋势，理解健美操分类与特点、健美操造型与队形设计方法。较好掌握健美操基本技术和基本步伐的专业术语、动作要点、练习方法与教学手势 | 基本掌握健美操发展趋势，理解健美操分类与特点、健美操造型与队形设计方法以及基本掌握健美操基本技术和基本步伐的专业术语、动作要点、练习方法与教学手势 | 不能掌握健美操发展趋势，理解健美操分类与特点、健美操造型与队形设计方法。不能掌握健美操基本技术和基本步伐的专业术语、动作要点、练习方法与教学手势 |
| 课程目标2 | 对应毕业要求1-4 | 能够熟练达到快速模仿动作、记忆动作、规范动作、分析动作组合、创编健美操队形、造型，具有较强的健美操钻研精神与创新能力 | 能够达到快速模仿动作、记忆动作、规范动作、分析动作组合、创编健美操队形、造型，具有一定的健美操钻研精神与创新能力 | 基本能够达到快速模仿动作、记忆动作、规范动作、分析动作组合、创编健美操队形、造型，具有基本的健美操钻研精神与创新能力 | 不能够达到快速模仿动作、记忆动作、规范动作、分析动作组合、创编健美操队形、造型，不具备健美操钻研精神与创新能力 |
| 课程目标3 | 对应毕业要求2-3 | 具备良好的健美操的自学能力、成套健美操创编能力，在小组合作中能够完成成套健美操的创编，团队协作能力与集体主义精神 | 具备较好的健美操的自学能力、成套健美操创编能力，在小组合作中完成成套健美操的创编，团队协作能力与集体主义精神 | 具备基本的健美操的自学能力、成套健美操创编能力，在小组合作中基本能够完成成套健美操的创编，团队协作能力与集体主义精神 | 不具备健美操的自学能力、成套健美操创编能力，在小组合作中不能够完成成套健美操的创编，团队协作能力与集体主义精神 |

续表

| 课程目标 | 指标点 | 评分标准 | | | |
|---|---|---|---|---|---|
| | | 优秀（0.9–1.0） | 良好（0.70–0.89） | 合格（0.60–0.69） | 不合格（0–0.59） |
| 课程目标4 | 对应毕业要求2-4 | 能够形成良好的健美操健身习惯，积极主动为全民健身活动的开展贡献力量。同时，能够以乐观积极的态度、一定的社会责任感为群众性健美操运动的开展服务 | 能够形成良好的健美操健身习惯，能够为全民健身活动的开展贡献力量。同时，能够以乐观积极的态度、一定的社会责任感为群众性健美操运动的开展服务 | 基本能够形成良好的健美操健身习惯，可以为全民健身活动的开展贡献力量。同时，基本上能够以乐观积极的态度、一定的社会责任感为群众性健美操运动的开展服务 | 没有形成良好的健美操健身习惯，无法为全民健身活动的开展贡献力量。同时，不能够以乐观积极的态度、一定的社会责任感为群众性健美操运动的开展服务 |

## 第三节　健美操专业选修课程 B 标准设计

### 一、课程简介

本课程是体育教育专业的一门专业选修课程。它的任务是通过本课程教师各个环节的理论教学、实践教学与学生健美操实习实践活动，使学生系统地掌握健美操运动的基本理论、基本技术和基本技能，加强学生对专项竞赛组织及裁判法的学习和实践，使学生具有从事健美操中级教学训练的知识与方法并具备组织中等规模健美操比赛以及社会体育活动裁判工作的能力，本课程为后续课程《专项理论与实践 C（健美操）》课程的学习奠定基础。

### 二、课程目标

课程目标 1：通过本课程的学习，准确掌握健美操创编、健美操教学等有关理论知识，学会运用健美操创编知识、健美操教学方法与技能来解决健美操实践中的创编与教学问题,侧重培养学生健美操 32 拍组合教学的实践能力,使学生能够运用健美操初级教学方法和相关专业知识胜任中小学健美操教学。

课程目标 2:通过学习,使学生塑造完美的体型和姿态,能够自主学习动作、自主独立完成健美操规定套路组合教学、自编 32 拍初级组合教学,协作创编成套健美操、团结合作表演、比赛,重点突出培养学生的健美操钻研精神与创新能力。

课程目标 3:通过本课程的学习,使学生具备健美操的自学能力、健美操规定操改编能力以及初级组合创编与教学能力,在小组合作中完成成套健美操创编,进一步培养学生的团队协作能力与集体主义精神。

课程目标 4:通过以学生为主体的学习,使学生达到增进健康、塑造形体、陶冶情操的目的,形成良好的健美操健身习惯,为全民健身活动的开展贡献力量。同时,以乐观积极的态度、一定的社会责任感为群众性健美操运动的开展服务。

### 三、教学进程安排(见表 2-7)

表 2-7 专业选修课程 B 标准教学进程安排

| 周次 | 学时数 | 教学主要内容 | 教学方法 |
| --- | --- | --- | --- |
| 1 | 6 | 理论:1. 健美操基本动作及其术语 2<br>2. 健美操教学 2<br>3. 健美操组合创编 2 | 课堂讲授、小组讨论案例教学、演示实验实践探究、课堂报告自主学习、翻转课堂 |
| 2 | 6 | 1. 健美操专项身体素质练习<br>复习时尚健身操一、二级规定<br>学习时尚健身操三级规定一、二组合<br>学生实习实践<br>2. 健美操专项身体素质练习<br>学习时尚健身操三级规定三、四组合<br>学生实习实践<br>3. 健美操专项身体素质练习<br>复习时尚健身操三级规定动作<br>学生实习实践 | 课堂讲授、小组讨论案例教学、演示实验实践探究、课堂报告自主学习、翻转课堂 |

| 周次 | 学时数 | 教学主要内容 | 教学方法 |
|---|---|---|---|
| 3 | 6 | 1.健美操专项身体素质练习<br>学习时尚健身操四级规定一、二组合<br>学生实习实践<br>2.健美操专项身体素质练习<br>学习时尚健身操四级规定三、四组合<br>学生实习实践<br>3.健美操专项身体素质练习<br>复习时尚健身操四级规定动作<br>学生实习实践 | 课堂讲授、小组讨论<br>案例教学、演示实验<br>实践探究、课堂报告<br>自主学习、翻转课堂 |
| 4 | 6 | 1.健美操专项身体素质练习<br>复习时尚健身操三级、四级规定套路<br>学生实习实践<br>2.健美操专项身体素质练习<br>时尚健身操三级规定套路<br>学生实习实践<br>3.健美操专项身体素质练习<br>时尚健身操四级规定套路<br>学生实习实践 | 课堂讲授、小组讨论<br>案例教学、演示实验<br>实践探究、课堂报告<br>自主学习、翻转课堂 |
| 5 | 6 | 1.健美操专项身体素质练习<br>学习大众健美操四级一、二组合<br>学生实习实践<br>2.健美操专项身体素质练习<br>学习大众健美操四级三、四组合<br>学生实习实践<br>3.健美操专项身体素质练习<br>复习大众健美操四级动作<br>学生实习实践 | 课堂讲授、小组讨论<br>案例教学、演示实验<br>实践探究、课堂报告<br>自主学习、翻转课堂 |
| 6 | 6 | 1.健美操专项身体素质练习<br>学习大众健美操五级一、二组合<br>学生实习实践<br>2.健美操专项身体素质练习<br>学习大众健美操五级三、四组合<br>学生实习实践<br>3.健美操专项身体素质练习<br>复习大众健美操五级动作<br>学生实习实践 | 课堂讲授、小组讨论<br>案例教学、演示实验<br>实践探究、课堂报告<br>自主学习、翻转课堂 |

| 周次 | 学时数 | 教学主要内容 | 教学方法 |
|---|---|---|---|
| 7 | 6 | 1. 健美操专项身体素质练习<br>复习大众健美操四级、五级规定套路<br>学生实习实践<br>2. 健美操专项身体素质练习<br>大众健美操四级规定套路<br>学生实习实践<br>3. 健美操专项身体素质练习<br>大众健美操五级规定套路<br>学生实习实践 | 课堂讲授、小组讨论<br>案例教学、演示实验<br>实践探究、课堂报告<br>自主学习、翻转课堂 |
| 8 | 6 | 1. 健美操专项身体素质练习<br>学习全民健身操二级<br>学生实习实践<br>2. 健美操专项身体素质练习<br>学习全民健身操二级<br>学生实习实践<br>3. 健美操专项身体素质练习<br>复习全民健身操二级<br>学生实习实践 | 课堂讲授、小组讨论<br>案例教学、演示实验<br>实践探究、课堂报告<br>自主学习、翻转课堂 |
| 9 | 6 | 1. 健美操专项身体素质练习<br>学习全民健身操三级<br>学生实习实践<br>2. 健美操专项身体素质练习<br>学习全民健身操三级<br>学生实习实践<br>3. 健美操专项身体素质练习<br>复习全民健身操三级<br>学生实习实践 | 课堂讲授、小组讨论<br>案例教学、演示实验<br>实践探究、课堂报告<br>自主学习、翻转课堂 |
| 10 | 6 | 1. 健美操专项身体素质练习<br>学习全民健身操四级<br>学生实习实践<br>2. 健美操专项身体素质练习<br>学习全民健身操四级<br>学生实习实践<br>3. 健美操专项身体素质练习<br>复习全民健身操四级<br>学生实习实践 | 课堂讲授、小组讨论<br>案例教学、演示实验<br>实践探究、课堂报告<br>自主学习、翻转课堂 |

高校
健美操
教学理论与实践

| 周次 | 学时数 | 教学主要内容 | 教学方法 |
|------|--------|--------------|----------|
| 11 | 6 | 1.健美操专项身体素质练习<br>学习全民健身操五级<br>学生实习实践<br>2.健美操专项身体素质练习<br>学习全民健身操五级<br>学生实习实践<br>3.健美操专项身体素质练习<br>复习全民健身操五级<br>学生实习实践 | 课堂讲授、小组讨论<br>案例教学、演示实验<br>实践探究、课堂报告<br>自主学习、翻转课堂 |
| 12 | 6 | 1.健美操专项身体素质练习<br>复习全民健身操四级、五级<br>学生实习实践<br>2.健美操专项身体素质练习<br>全民健身操四级<br>学生实习实践<br>3.健美操专项身体素质练习<br>全民健身操五级 | 课堂讲授、小组讨论<br>案例教学、演示实验<br>实践探究、课堂报告<br>自主学习、翻转课堂 |
| 13 | 6 | 1.健美操课程的设计与实施<br>2.成套健美操创编理论<br>3.健美操音乐选择与制作<br>4.造型创编与队形设计 | 课堂讲授、小组讨论<br>案例教学、演示实验<br>实践探究、课堂报告<br>自主学习、翻转课堂 |
| 14 | 6 | 1.健美操专项身体素质练习<br>学习全民健身操六级<br>学生实习实践<br>2.健美操专项身体素质练习<br>学习全民健身操六级<br>学生实习实践<br>3.健美操专项身体素质练习<br>复习全民健身操六级<br>学生实习实践 | 课堂讲授、小组讨论<br>案例教学、演示实验<br>实践探究、课堂报告<br>自主学习、翻转课堂 |
| 15 | 6 | 1.健美操专项身体素质练习<br>学习大众健美操六级<br>学生实习实践<br>2.健美操专项身体素质练习<br>学习大众健美操六级<br>学生实习实践<br>3.健美操专项身体素质练习<br>复习大众健美操六级动作<br>学生实习实践 | 课堂讲授、小组讨论<br>案例教学、演示实验<br>实践探究、课堂报告<br>自主学习、翻转课堂 |

| 周次 | 学时数 | 教学主要内容 | 教学方法 |
|---|---|---|---|
| 16 | 6 | 1. 健美操专项身体素质练习<br>复习全民健身操六级、大众健美操六级<br>学生实习实践<br>2. 健美操专项身体素质练习<br>全民健身操六级<br>学生实习实践<br>3. 健美操专项身体素质练习<br>大众健美操六级 | 课堂讲授、小组讨论<br>案例教学、演示实验<br>实践探究、课堂报告<br>自主学习、翻转课堂 |

## 四、教学内容及基本要求对课程目标的支撑

（一）健美操基本动作及其术语 2（2 学时，支撑课程目标 1）

1. 教学内容

（1）健美操动作上肢动作术语。

（2）健美操方向术语。

（3）健美操移动术语。

（4）健美操组合动作组成方法。

（5）健美操上肢动作技术要求。

（6）健美操组合动作的术语记写。

2. 课程思政

（1）高度的责任感。

（2）尊重品德与探索精神。

（3）为大众健身服务、为中小学生教学服务的价值观。

（4）勇敢的个人展示精神。

3. 能力要求

（1）了解健美操上肢动作术语概念、技术要点，方向术语、移动术语以及健美操组合动作的组成方法。

（2）熟练掌握健美操术语，能够对健美操组合完成健美操术语

记写。

4. 教学重点

（1）健美操上肢动作术语。
（2）健美操组合动作的组成方法的运用。

5. 教学难点

（1）健美操组合动作的组成方法的运用。
（2）健美操基本步伐教学手势。

6. 作业／讨论

（1）记写 32 拍自编健美操组合的动作组成术语。
（2）健美操上肢动作技术练习视频上传到学习通作业。

（二）健美操组合创编 2（2 学时，支撑课程目标 1）

1. 教学内容

（1）健美操 32 拍自编初级组合。
（2）健美操基本步伐要求。
（3）上肢动作的要求。
（4）五种变化的要求。
（5）组合正反对称要求。

2. 课程思政

（1）科学健身的价值观。
（2）积少成多才能探索到新的层面。
（3）融入健康人体的全面性。
（4）科学锻炼的价值观与认知。
（5）创新意识与精神。

3. 能力要求

（1）了解健美操规定套路结构、健美操创编原则，掌握健美操创编的基本方法和步骤。

（2）利用所学知识分解每一个组合的基本动作名称,熟练掌握32拍健美操组合创编方法,能够实践创编32拍自编初级组合,小组完成规定套路改编。

4. 教学重点

（1）健美操组合对称。

（2）健美操动作变化。

5. 教学难点

（1）健美操32拍组合创编步骤。

（2）32拍自编组合正反组合对称。

6. 作业／讨论

（1）创编健美操32拍自编初级组合。

（2）32拍初级组合动作术语教案书写。

（三）健美操教学2（2学时,支撑课程目标1）

1. 教学内容

（1）健美操自编初级组合教学。

（2）健美操组合教学技巧。

（3）健美操组合教学示范。

（4）健美操组合教学提示。

（5）健美操组合教学方法。

2. 课程思政

（1）高度的责任感。

（2）学科的探索精神。

（3）体育教育情怀。

3. 能力要求

（1）了解健美操组合教学目的意义，掌握健美操组合教学技巧、示范、提示以及教学方法。

（2）熟练掌握健美操初级组合的教学方法、语言教学提示、手势提示、音乐的运用并进行健美操基本步伐的实践教学。

4. 教学重点

（1）健美操教学方法的实践运用。
（2）健美操音乐的合理运用。

5. 教学难点

（1）健美操组合教学方法。
（2）健美操教学手势、语言提示的熟练掌握以及健美操音乐的合理运用。

6. 作业／讨论

（1）健美操组合教学手势提示教学。
（2）拍健美操初级组合提示动作练习视频并提交到学习通作业。

（四）成套健美操创编理论（2 学时，支撑课程目标 1）

1. 教学内容

（1）成套健美操创编原则。
（2）成套健美操创编方法与步骤。
（3）成套健美操的创编。
（4）表演性健美操的创编。

2. 课程思政

（1）科学健身的价值观。
（2）探索精神与创新意识。
（3）积少成多才能探索到新的层面。

（4）科学锻炼的价值观与认知。

（5）健康意识、责任与义务。

3. 能力要求

（1）了解成套健美操创编原则,掌握成套健美操创编的基本方法和步骤。

（2）熟练掌握成套健美操创编方法与步骤,小组能够实践完成创编成套健美操,并集体完成成套健身操教案的记写。

4. 教学重点

（1）成套健美操的创编。

（2）表演性健美操的创编。

5. 教学难点

（1）健美操创编步骤。

（2）成套健美操的教案记写。

6. 作业 / 讨论

（1）小组完成成套健美操的创编。

（2）自编成套健美操教案书写。

（五）健美操课的设计（2 学时,支撑课程目标 1）

1. 教学内容

（1）健美操课的类型与内容。

（2）健美操课的综合。

（3）不同级别有氧操课的设计。

（4）健美操课的构成。

2.课程思政

（1）高度的责任感。
（2）学科的探索精神。
（3）科学健身的意识与行为。
（4）体育教育情怀与大健康观。

3.能力要求

（1）了解健美操课的类型与内容,掌握不同级别健美操课的动作要求、负荷强度要求以及课程时间要求。
（2）熟练掌握不同级别有氧操的课程设计,能够独立完成初级健美操课的设计,并完成教案设计的记写。

4.教学重点

（1）健美操课类型与内容。
（2）不同级别健美操课的设计。

5.教学难点

（1）健美操课动作的设计。
（2）健美操课强度的设计。

6.作业／讨论

（1）记写健美操基础课的类型与内容。
（2）完成初级健美操课的设计并记写教案。

（六）健美操音乐（2学时,支撑课程目标1）

1.教学内容

（1）健美操指导员的音乐修养。
（2）健美操的音乐常识。
（3）健美操常见的音乐种类。
（4）音乐选择与剪接。

2. 课程思政

（1）高度的责任感。
（2）学科的探索精神。
（3）科学健身的意识与行为。
（4）为大众健身服务、为中小学生教学服务的价值观。

3. 能力要求

（1）了解健美操音乐的类型与内容,掌握健美操的音乐常识。
（2）熟练掌握健美操音乐选择的方法与原则,能够完成对健美操音乐的剪接。

4. 教学重点

（1）健美操音乐的类型。
（2）健美操音乐的剪接。

5. 教学难点

（1）健美操音乐的选择与动作的匹配。
（2）健美操音乐的实践剪接。

6. 作业／讨论

（1）记写健美操音乐的类型与内容。
（2）完成小组成套健美操的音乐剪接。

（七）健美操热身操教学(8学时,支撑课程目标 3、4)

1. 教学内容

（1）健美操基本步伐。
（2）健美操基本技术。
（3）5分钟热身操教学。

2. 课程思政

（1）前期的付出会有后期的收获的。

（2）树立正确的人生观、价值观,才能在人生道路上走上正确的方向。

（3）选择适合自己的节奏,有自己的个性品质。

（4）做事情要找准自己的定位。

（5）正确地激励员工也是一种理念与力量。

（6）认真负责、对每一个学生负责。

（7）科学健身的学科理念、健康第一的教学情怀。

3. 能力要求

（1）了解5分钟热身操的基本结构,能够合理安排动作,合理安排负荷与动作强度。

（2）熟练掌握热身操的教学技巧,进一步提高健美操步伐教学能力。

4. 教学重点

（1）健美操基本步伐的规范练习。

（2）健美操基本动作的手势运用。

5. 教学难点

（1）健美操教学音乐、健美操基本步伐教学提示、手势提示、语言提示等健美操教学技巧的合理应用。

（2）健美操基本步伐的5种变化。

6. 作业 / 讨论

（1）设计5分钟热身操教学动作、动作次数与动作顺序。

（2）练习健身操,拍练习视频并做出教学反思。

（八）健美操 32 拍初级组合教学（8 学时，支撑课程目标 3、4）

1. 教学内容

（1）健美操 32 拍初级组合创编。
（2）健美操 32 拍初级组合教学方法。
（3）健美操 32 拍初级组合教学提示。
（4）健美操音乐的合理应用。

2. 课程思政

（1）扎实的基础，是上好这节课的基础。
（2）坚持中国共产党的正确领导。
（3）树立正确的人生观、价值观。
（4）自己的个性品质。
（5）正确地激励员工也是一种理念与力量。
（6）爱国、爱家、爱学生的大情怀。
（7）科学健身的学科理念、健康第一的教学情怀。

3. 能力要求

（1）掌握 32 拍组合创编方法，能够合理安排动作，合理安排负荷与动作强度，独立完成初级组合的创编。
（2）熟练掌握热身操的教学技巧，进一步提高健美操 32 拍组合的教学能力。

4. 教学重点

（1）健美操 32 拍组合动作的规范练习。
（2）健美操组合自然换脚动作的设计。

5. 教学难点

（1）健美操教学音乐、健美操基本步伐教学提示、手势提示、语言提示等健美操教学技巧的合理应用。
（2）健美操组合正反对称的要求，自然换脚动作的设计。

6. 作业／讨论

（1）设计 5 分钟热身操教学动作、动作次数与动作顺序。

（2）练习热身操，拍练习视频并做出教学反思。

（九）健美操规定套路（64 学时，支撑课程目标 1、2、3、4）

1. 教学内容

（1）大众健美操锻炼标准第三套四级。

（2）大众健美操锻炼标准第三套五级。

（3）大众健美操锻炼标准第三套六级。

（4）时尚健美操规定套路三级。

（5）时尚健美操规定套路四级。

（6）全民健身操规定套路二级。

（7）全民健身操规定套路三级。

（8）全民健身操规定套路四级。

（9）全民健身操规定套路五级。

（10）全民健身操规定套路六级。

2. 课程思政

（1）体育教育责任感。

（2）钻研态度与意识。

（3）互帮互助、乐于助人。

（4）对教师与指导者的尊重与感恩。

（5）责任、义务、社会责任感。

3. 能力要求

（1）熟练掌握时尚健美操规定套路。

（2）能够分析健美操规定套路组合动作名称。

4. 教学重点

（1）规定套路的动作规范、控制姿态，提高动作幅度与力度。

（2）规定套路的组合动作分析。

5. 教学难点

（1）规定套路动作规范、动作路线、动作力度的控制。
（2）规定套路组合动作分析、换脚动作的分析。

6. 作业／讨论

（1）提交每周 3 次以上的练习视频。
（2）课堂完成规定套路的组合动作分析。

（十）成套健美操的创编（4 学时，支撑课程目标 2、3）

1. 教学内容

小组完成成套健美操的创编。

2. 课程思政

（1）找准自己的合伙人，是圆满完成合作的基础。
（2）树立集体主义精神与团队精神。
（3）正确面对团队成员之间的分工与合作。
（4）学生团队协作能力、人际交往能力与个人表现能力。
（5）树立正确维护自我版权的法律意识。

3. 能力要求

（1）成套健美操创编，设计开始、结束造型、6-8 人的四次队形。
（2）能够团队协作，完成小组成套健美操的创编。

4. 教学重点

（1）小组协作完成成套健美操的创编。
（2）成套表演操开始、结束造型的设计以及变化队形的创编。

5. 教学难点

（1）集体配合完成成套自编操的表演，动作统一、规范。

（2）充分考虑到小组成员的个人情况，考核评价学生个人表现。

6. 作业／讨论

（1）创编开始、结束造型并拍照。

（2）小组规范完成自编操的电子版教案。

## 五、教学方法建议

（1）采用传统教学法与支架式教学法相结合的教法，在实践教学过程中采用学生个体自主学习与教师给予"支架"指导相结合的教学模式，充分发挥学生主体性、主观能动性，培养学生对健美操学习的兴趣，调动学生参与实践的积极性。

（2）帮助学生建立自主探究和协作互动的学习方式，重点突出学生实践能力的培养，即：快速模仿记忆的能力、分析组合动作能力、自学能力、表演能力、创编能力、组织教学与纠错能力、记写能力、合作与互助能力以及审美评判能力。

## 六、课程考核对课程目标的支撑

（一）课程考核方式及成绩评定方法

本课程为考查课程。总成绩由平时考核成绩和期末考核成绩两部分组成，采用百分制，合并计算总成绩（其中平时考核占30%、期末考核占70%）。具体情况如下：

（1）平时考核部分：包括课堂考勤、课堂表现、课后作业、随堂测试等。由任课教师在教学过程中进行检查考核，并在课程结束后汇总完成，占课程考核总成绩的30%。

（2）期末考核部分：包括理论作业、规定套路考试、32拍组合教学和创编能力考核（见表2-8）。

理论作业：在课程结束后的学期期末采用答题册的方式完成，占课程结课考核总成绩的10%。32拍组合教学在实践教学过程中完成考核，规定套路考试和创编能力考核在课程教学结束时采用集体统一考试的方式完成，占课程结课考核总成绩的60%。

表 2-8　课程目标与考核方式对应表

| 支撑毕业要求 | 课程目标 | 考核与评价方式及成绩比例(%) | | | | 课程目标权重 |
|---|---|---|---|---|---|---|
| | | 学习表现 | 课后作业 | 随堂测试 | 期末考核 | |
| | 课程目标1 | | | | 10 | 10 |
| 指标点1-4 | 课程目标2 | | 5 | 5 | 40 | 50 |
| 指标点2-3 | 课程目标3 | | | | 20 | 20 |
| 指标点2-4 | 课程目标4 | 10 | 5 | 5 | | 20 |
| 合计 | | 10 | 10 | 10 | 70 | 100 |

（二）课程目标与评分标准的对应关系（见表2-9）

表 2-9　课程目标与评分标准的对应关系

| 课程目标 | 指标点 | 评分标准 | | | |
|---|---|---|---|---|---|
| | | 优秀（0.9-1.0） | 良好（0.70-0.89） | 合格（0.60-0.69） | 不合格（0-0.59） |
| 课程目标1 | | 熟练掌握健美操创编方法与步骤、健美操教学方法与教学技巧、健美操音乐与健美操手势的合理运用 | 较好地掌握健美操创编方法与步骤、健美操教学方法与教学技巧、对健美操音乐与健美操手势能够较好地运用 | 基本掌握健美操创编方法与步骤、健美操教学方法与教学技巧,对健美操音乐与健美操手势基本能够达到合理的运用 | 不能够掌握健美操创编方法与步骤,对于健美操教学方法与教学技巧、健美操音乐与健美操手势不能合理运用 |
| 课程目标2 | 对应毕业要求1-4 | 能够熟练达到快速模仿动作、记忆动作、规范动作、分析动作组合、健美操组合创编,具有较强的健美操钻研精神与创新能力 | 能够熟练达到快速模仿动作、记忆动作、规范动作、分析动作组合、健美操组合创编,具有一定的健美操钻研精神与创新能力 | 基本能够达到快速模仿动作、记忆动作、规范动作、分析动作组合、健美操组合创编,具有基本的健美操钻研精神与创新能力 | 不能够达到快速模仿动作、记忆动作、规范动作、分析动作组合、健美操组合创编,不具有健美操钻研精神与创新能力 |

| 课程目标 | 指标点 | 评分标准 | | | |
|---|---|---|---|---|---|
| | | 优秀<br>（0.9-1.0） | 良好<br>（0.70-0.89） | 合格<br>（0.60-0.69） | 不合格<br>（0-0.59） |
| 课程目标3 | 对应毕业要求2-3 | 具备良好的健美操的自学能力、成套健美操创编能力，在小组合作中能够完成成套健美操的创编，团队协作能力与集体主义精神 | 具备较好的健美操的自学能力、成套健美操创编能力，在小组合作中完成成套健美操的创编，团队协作能力与集体主义精神 | 具备基本的健美操的自学能力、成套健美操创编能力,在小组合作中基本能够完成成套健美操的创编，团队协作能力与集体主义精神 | 不具备健美操的自学能力、成套健美操创编能力,在小组合作中不能够完成成套健美操的创编，团队协作能力与集体主义精神 |
| 课程目标4 | 对应毕业要求2-4 | 能够形成良好的健美操健身习惯，积极主动为全民健身活动的开展贡献力量。同时，能够以乐观积极的态度、一定的社会责任感为群众性健美操运动的开展服务 | 能够形成良好的健美操健身习惯，能够为全民健身活动的开展贡献力量。同时，能够以乐观积极的态度、一定的社会责任感为群众性健美操运动的开展服务 | 基本能够形成良好的健美操健身习惯，可以为全民健身活动的开展贡献力量。同时，基本上能够以乐观积极的态度、一定的社会责任感为群众性健美操运动的开展服务 | 没有形成良好的健美操健身习惯，无法为全民健身活动的开展贡献力量。同时，不能够以乐观积极的态度、一定的社会责任感为群众性健美操运动的开展服务 |

# 第四节  健美操专业选修课程 C 标准设计

## 一、课程简介

本课程是体育教育专业的一门专业选修课程。它的任务是通过本课程教师各个环节的理论教学、实践教学与学生健美操实习实践活动，使学生系统地掌握健美操运动的基本理论、基本技术和基本技能,加强学生对专项竞赛组织及裁判法的学习和实践,使学生具有从事健美操中级教学训练的知识与方法并具备组织中等规模健美操比赛以及社会体育活动裁判工作的能力。

## 二、课程目标

课程目标 1：通过本课程的学习，准确掌握健美操科学研究有关理论知识，学会观看健美操教学视频、分解图解动作，进而学习动作、教学动作，侧重培养学生健美操自学、不同风格健美操组合创编与教学能力以及健美操套路考核评分能力。学会运用健美操训练知识、健美操裁判评分方法与技能来解决健美操运动员身体与技术训练、健美操比赛中的组织与裁判问题。

课程目标 2：通过学习，重点突出培养学生的健美操实践操作能力，能够自主学习动作、独立完成健美操 32 拍中级组合、高级组合的分解、变化、流畅教学，独立完成不同风格健美操套路的自学以及分解、变化、流畅的教学，具备胜任健美操教师自学、自创以及成套健美操考核评分能力。具备胜任健美操运动员专项身体素质训练工作能力与健美操规定套路考核评分工作能力。

课程目标 3：通过本课程的学习，使学生具备健美操的自学能力、成套健美操创编能力以及中级组合、高级组合创编与教学能力，在小组合作中完成成套健美操考核评分工作，进一步培养学生的团队协作能力与集体主义精神。

课程目标 4：通过以学生为主体的学习，使学生达到增进健康、塑造形体、陶冶情操的目的，形成良好的健美操健身习惯，为全民健身活动的开展贡献力量。同时，以乐观积极的态度、一定的社会责任感为群众性健美操运动的开展服务。

## 三、教学进程安排（见表 2-10）

表 2-10　专业选修课程 C 标准教学进程安排

| 周次 | 学时数 | 教学主要内容 | 教学方法（可根据学科专业特点自行调整） |
|---|---|---|---|
| 1 | 4 | 1. 健美操组合创编<br>2. 成套健美操创编 | 课堂讲授、小组讨论案例教学、演示实验实践探究、课堂报告自主学习、翻转课堂 |

| 周次 | 学时数 | 教学主要内容 | 教学方法（可根据学科专业特点自行调整） |
|---|---|---|---|
| 2 | 4 | 1. 健美操专项身体素质练习<br>复习全民健身操五、六级规定套路<br>学习全民健身操一级规定套路<br>学生实习实践：32拍自编中级组合教学<br>2. 健美操专项身体素质练习<br>学习全民健身操一级规定套路<br>学生实习实践：32拍自编中级组合教学 | 课堂讲授、小组讨论<br>案例教学、演示实验<br>实践探究、课堂报告<br>自主学习、翻转课堂 |
| 3 | 4 | 1. 健美操专项身体素质练习<br>复习全民健身操一级规定套路<br>学生实习实践：32拍自编中级组合教学<br>2. 健美操专项身体素质练习<br>学习踩踩踩规定套路<br>学生实习实践：32拍自编中级组合教学 | 课堂讲授、小组讨论<br>案例教学、演示实验<br>实践探究、课堂报告<br>自主学习、翻转课堂 |
| 4 | 4 | 1. 健美操专项身体素质练习<br>学习全踩踩踩规定套路<br>学生实习实践：32拍自编中级组合教学<br>2. 健美操专项身体素质练习<br>复习踩踩踩规定套路<br>学生实习实践：32拍自编中级组合教学 | 课堂讲授、小组讨论<br>案例教学、演示实验<br>实践探究、课堂报告<br>自主学习、翻转课堂 |
| 5 | 4 | 1. 健美操专项身体素质练习<br>学习青春魅力规定套路<br>学生实习实践：32拍自编中级组合教学<br>2. 健美操专项身体素质练习<br>学习青春魅力规定套路<br>学生实习实践：32拍自编中级组合教学 | 课堂讲授、小组讨论<br>案例教学、演示实验<br>实践探究、课堂报告<br>自主学习、翻转课堂 |
| 6 | 4 | 1. 健美操专项身体素质练习<br>复习青春魅力规定套路<br>学生实习实践：32拍自编中级组合教学<br>2. 健美操专项身体素质练习<br>学习创造奇迹规定套路<br>学生实习实践：32拍自编中级组合教学 | 课堂讲授、小组讨论<br>案例教学、演示实验<br>实践探究、课堂报告<br>自主学习、翻转课堂 |

| 周次 | 学时数 | 教学主要内容 | 教学方法（可根据学科专业特点自行调整） |
|---|---|---|---|
| 7 | 4 | 1.健美操专项身体素质练习<br>学习创造奇迹规定套路<br>学生实习实践：32拍自编中级组合教学<br>2.健美操专项身体素质练习<br>学习创造奇迹规定套路<br>学生实习实践：32拍自编中级组合教学 | 课堂讲授、小组讨论案例教学、演示实验实践探究、课堂报告自主学习、翻转课堂 |
| 8 | 4 | 1.健美操专项身体素质练习<br>复习创造奇迹规定套路<br>学生实习实践：32拍自编中级组合教学<br>2.健美操专项身体素质练习<br>创造奇迹规定套路<br>学生实习实践：32拍自编中级组合教学 | 课堂讲授、小组讨论案例教学、演示实验实践探究、课堂报告自主学习、翻转课堂 |
| 9 | 4 | 1.健美操专项身体素质练习<br>学习全民健身操轻器械规定套路1<br>学生实习实践：32拍自编高级组合教学<br>2.健美操专项身体素质练习<br>学习全民健身操轻器械规定套路1<br>学生实习实践：32拍自编高级组合教学 | 课堂讲授、小组讨论案例教学、演示实验实践探究、课堂报告自主学习、翻转课堂 |
| 10 | 4 | 1.健美操专项身体素质练习<br>复习全民健身操轻器械规定套路1<br>学生实习实践：32拍自编高级组合教学<br>2.健美操专项身体素质练习<br>学习全民健身操轻器械规定套路2<br>学生实习实践：32拍自编高级组合教学 | 课堂讲授、小组讨论案例教学、演示实验实践探究、课堂报告自主学习、翻转课堂 |
| 11 | 4 | 1.健美操专项身体素质练习<br>学习全民健身操轻器械规定套路2<br>学生实习实践：32拍自编高级组合教学<br>2.健美操专项身体素质练习<br>复习全民健身操轻器械规定套路2<br>学生实习实践：32拍自编高级组合教学 | 课堂讲授、小组讨论案例教学、演示实验实践探究、课堂报告自主学习、翻转课堂 |

续表

| 周次 | 学时数 | 教学主要内容 | 教学方法（可根据学科专业特点自行调整） |
|---|---|---|---|
| 12 | 4 | 1. 健美操专项身体素质练习<br>考核：全民健身操轻器械规定套路1<br>学生实习实践：32拍自编高级组合教学<br>2. 健美操专项身体素质练习<br>考核：全民健身操轻器械规定套路2<br>学生实习实践：32拍自编高级组合教学 | 课堂讲授、小组讨论案例教学、演示实验实践探究、课堂报告自主学习、翻转课堂 |
| 13 | 4 | 1. 健美操课程的设计与实施<br>2. 健美操裁判与训练 | 课堂讲授、小组讨论案例教学、演示实验实践探究、课堂报告自主学习、翻转课堂 |
| 14 | 4 | 1. 健美操专项身体素质练习<br>学习全民健身操轻器械规定套路3<br>学生实习实践：32拍自编高级组合教学<br>2. 健美操专项身体素质练习<br>学习全民健身操轻器械规定套路3<br>学生实习实践：32拍自编高级组合教学 | 课堂讲授、小组讨论案例教学、演示实验实践探究、课堂报告自主学习、翻转课堂 |
| 15 | 4 | 1. 健美操专项身体素质练习<br>学习全民健身操轻器械规定套路4<br>学生实习实践：32拍自编高级组合教学<br>2. 健美操专项身体素质练习<br>学习全民健身操轻器械规定套路4<br>学生实习实践：32拍自编高级组合教学 | 课堂讲授、小组讨论案例教学、演示实验实践探究、课堂报告自主学习、翻转课堂 |
| 16 | 4 | 1. 健美操专项身体素质练习<br>全民健身操轻器械规定套路3<br>学生实习实践<br>2. 健美操专项身体素质练习<br>全民健身操轻器械规定套路4 | 课堂讲授、小组讨论案例教学、演示实验实践探究、课堂报告自主学习、翻转课堂 |

## 四、教学内容、基本要求及课程思政

（一）健美操组合创编（2学时，支撑课程目标1）

1.教学内容

（1）健美操32拍自编中级组合、高级组合。
（2）健美操基本步伐要求。
（3）上肢动作的要求。
（4）五种变化的要求。
（5）组合正反对称要求。
（6）特色健美操组合创编。

2.课程思政

（1）通过健美操创编原则的学习，融入我们要科学健身的价值观。
（2）健美操自编组合的创编，融入任何体育运动项目要发展就要不断创新，培养学生对健美操作为新时代的产物是需要不断创新的认知，激发学生对健美操学科的一种探索精神与创新意识。
（3）健美操32拍初级组合的创编，动作元素的多少决定32拍组合动作的复杂程度，组合创新也会达到目标，科学研究前期的工作任务做得越多越好，积少成多才能探索到新的层面。
（4）正反组合对称的要求，融入健康人体的全面性，科学锻炼的价值观与认知。
（5）健美操32拍自编组合，融入学科创新意识与精神，培养学生的创新能力，独立完成32拍自编中、高级组合。
（6）特色健美操组合的创编，融入找准自己的特点与优势，充分发挥自己的优势，注重学生个性的培养与发展。

3.能力要求

（1）了解健美操规定套路结构、健美操创编原则，掌握健美操创编的基本方法和步骤。
（2）利用所学知识分解每一个组合的基本动作名称，熟练掌握32

拍健美操组合创编方法,能够实践创编32拍自编中、高级组合,学生单独完成自编成套健美操。

4. 教学重点

(1)健美操组合对称。
(2)健美操动作变化。

5. 教学难点

(1)健美操32拍组合创编步骤。
(2)32拍自编组合正反组合对称。

6. 作业/讨论

(1)创编健美操32拍自编中、高级组合。
(2)32拍初级组合动作术语教案书写。

(二)成套健美操创编理论(2学时,支撑课程目标1)

1. 教学内容

(1)成套健美操创编原则。
(2)成套健美操创编方法与步骤。
(3)成套健美操的创编。

2. 课程思政

(1)通过健美操创编原则的学习,融入我们要科学健身的价值观。
(2)成套健美操的创编,融入任何体育运动项目要发展就要不断创新,培养学生对健美操作为新时代的产物是需要不断创新的认知,激发学生对健美操学科的一种探索精神与创新意识。
(3)动作元素的多少决定成套动作的复杂程度,成套动作创新也会达到新的目标,科学研究前期的工作任务做得越多越好,积少成多才能探索到新的层面。
(4)成套健美操的创编也有正反组合对称的要求,融入健康人体的全面性,科学锻炼的价值观与认知。

（5）成套健美操的创编,融入学科创新意识与精神,人体健身科学理念,培养学生的健康意识,对健身人群健康负责的责任与义务。

3. 能力要求

（1）了解成套健美操创编原则,掌握成套健美操创编的基本方法和步骤。

（2）熟练掌握成套健美操创编方法与步骤,学生能够独立实践完成创编成套特色健美操,并完成成套健身操教案的记写。

4. 教学重点

（1）成套健美操的创编。
（2）成套健美操创编的原则。

5. 教学难点

（1）健美操创编步骤。
（2）自编健美操的教案记写。

6. 作业 / 讨论

（1）独立完成成套健美操的创编。
（2）自编成套健美操教案书写。

（三）健美操课的设计 2（2 学时,支撑课程目标 1）

1. 教学内容

（1）健美操课的设计与实施。
（2）健美操课的构成。
（3）热身与整理。
（4）健美操课的实施。
（5）健美操课的安全考虑。

2. 课程思政

（1）通过健美操课的设计,让学生充分体会到学习健美操课程,不

仅健美操专业技术需要过关,更需要过硬的健美操教学能力,才能教给以后的学生和身边的健身人群,我们需要有高度责任感的优秀健美操教师、健美操教练和健美操指导员。

（2）健美操课的设计,融入学生对不同级别健美操课的认知,激发学生对健美操学科的探索精神。

（3）科学设计不同级别的有氧健美操课,融入要有高度的责任感,要带领周边人群科学健身的意识与行为,过硬的健美操专业知识是一个体育专业大学生必备的专业素养要求,使学生认识到学习健美操不仅是专业要求,更是自身的一种需求。

（4）健美操课程设计的学习,融入为大众健身服务、为中小学生教学服务的价值观,注重培养学生的体育教育情怀与大健康观,让体育教育专业学生充分认识到我们有责任对中小学生的健康负责,一定要根据中小学生的心理特点、生理特点设计不同类型的健美操课。

（5）健美操课的安全因素,融入大健康理念,一切以健身人群的健康为目的展开健身活动。

3. 能力要求

（1）了解健美操课的类型与内容,掌握不同级别健美操课的动作要求、负荷强度要求以及课程时间要求。

（2）熟练掌握不同级别有氧操的课程设计,能够独立完成中级健美操课的设计,并完成教案设计的记写。

4. 教学重点

（1）健美操课类型与内容。
（2）健美操课的安全。

5. 教学难点

（1）健美操课动作的设计。
（2）健美操课强度的设计。

6. 作业／讨论

（1）健美操课中引起运动损伤的原因。
（2）完成中级健美操课的设计并记写教案。

（四）健美操裁判与训练（2学时，支撑课程目标1）

1. 教学内容

（1）成套健美操评分因素。
（2）成套健美操比赛知识。
（3）健美操裁判规则。
（4）健美操专项身体素质训练。

2. 课程思政

（1）通过健美操裁判规则的学习，让学生充分体会到学习健美操课程，不仅健美操专业技术需要过关，更需要过硬的健美操教学能力与裁判能力，我们需要有高度责任感的优秀健美操裁判员。
（2）健美操裁判规则的学习，融入客观、公正的公平原则与人生观，作为一个社会人一定要建立规则意识、法律意识。
（3）健美操评分因素的学习，融入为大众健身服务、为中小学生教学服务的价值观，注重培养学生的体育教育情怀与大健康观，为健美操比赛公益服务的意识与行为。

3. 能力要求

（1）了解、掌握健美操评分因素、裁判规则以及健美操专项身体素质训练方法。
（2）熟练掌握健美操裁判规则，能够完成规定套路考核评分工作，能够独立完成成套自编健美操的评分工作，能够完成健美操专项身体素质动作练习与指导。

4. 教学重点

（1）健美操评分因素。
（2）健美操裁判规则。

5. 教学难点

（1）健美操裁判规则。
（2）健美操规定套路考核评分。

6. 作业／讨论

（1）健美操评分因素有哪些？
（2）设计中小学健美操比赛的程序与评分规则。

（五）健美操 32 拍中级、高级组合教学（16 学时，支撑课程目标 3、4）

1. 教学内容

（1）健美操 32 拍中级、高级组合创编。
（2）健美操 32 拍中级、高级组合教学方法。
（3）健美操 32 拍中级、高级组合教学提示。
（4）健美操音乐的合理应用。

2. 课程思政

（1）课前准备对自编组合进行示范教学，融入扎实的基础，是上好这节课的基础，前期的付出会有后期的收获。

（2）学生在步伐练习过程中，融入一个正确的手势才能带领学员做正确的动作，树立正确的人生观、价值观，才能在人生道路上走上正确的方向。

（3）在音乐运用方面，选择适合自己的节奏，不要盲目崇拜，有自己的个性品质，不做跟流派。

（4）正确的音乐节奏是顺利完成带操任务的基础，大家才能步调一致，融入做事情要找准自己的定位。

（5）正确的口令带领，给予学员适当的引导与指向，学生的步伐才不会乱。

（6）带操过程中给予学员的激励，融入当代公司要很好地运营，正确地激励员工也是一种理念与力量。

（7）通过健美操 32 拍自编中级、高级组合的教学，融入让学生充分体会到作为一名合格的体育教师必备的体育教学态度、体育教学技巧与手段,认真负责学习动作技术、准确讲解健美操术语、规范示范健美操教学动作,对每一个学生负责,时刻关注每一个学生的动作学习与技术掌握,更进一步关爱学生的成长与发展,只有掌握了规范的健美操动作技术,融入对健美操的热爱,才能为学校体育健美操的教学而服务,才能培养出热爱健美操的中小学生,融入爱国、爱家、爱学生的大情怀。

（8）32拍自编组合教学方法的掌握与动作安排以及正反对称的教学要求,融入科学健身的学科理念、健康第一的教学情怀。

3. 能力要求

（1）通过动作元素的增加,动作变化次数的增多,上肢动作变化次数增加,不断完成32拍自编组合的中高级创编,进而提高学生的创新能力。

（2）熟练掌握健美操教学方法、教学技能与音乐的运用,具备健美操32拍中级组合的教学能力与技能,使健美操教学更加科学、合理、有趣、有效。

4. 教学重点

（1）健美操32拍组合动作的规范练习。
（2）健美操组合自然换脚动作的设计。

5. 教学难点

（1）健美操教学音乐、健美操基本步伐教学提示、手势提示、语言提示等健美操教学技巧的合理应用。
（2）健美操组合正反对称的要求,自然换脚动作的设计。

6. 作业／讨论

（1）设计健美操自编组合教学动作、动作次数与动作顺序。
（2）练习健身操,拍练习视频并做出教学反思。

（六）健美操套路（40 学时,支撑课程目标 1、2、3、4）

1.教学内容

（1）校园青春魅力、创造奇迹。
（2）青春活力健美操：水晶级、黄金级、白金级。
（3）不同风格健美操规定套路自学与教学。
（4）踩踩踩。
（5）踏板规定套路。
（6）啦啦操规定套路。
（7）全民健身操轻器械规定套路。
（8）自编成套健美操。

2.课程思政

（1）通过健美操规定套路学习,规范动作,培养学生认真负责的学习态度,身体姿态的有意识控制,培养学生追求个人形体塑造完美的意识与行为,培养学生的自信心,也有责任与义务提高自身专业素养,才能成为一个优秀的体育教师,培养学生的体育教育责任感。

（2）通过规定套路自学、教学任务的完成,使学生学会观看教学视频,分析组合动作名称,模仿动作,规范示范动作,培养学生体育科学的钻研态度与意识,进而提高学生的创新能力。

（3）通过规定套路自学、教学环节,让每一个学生在前面口令、示范、引带、讲解、示范、组织教学,培养学生的自信心、体育专业技能,进而提高学生的健美操教学能力。

（4）通过提交课后练习视频,使学生养成健美操锻炼的良好习惯,把健美操作为终身体育锻炼的方法与手段,积极主动加入体育队伍,为我国的全民健身活动奉献自己的一份力量。

（5）有责任、义务帮助与指导更多的健美操爱好者参与全民健身活动,培养学生的社会责任感。

3. 能力要求

（1）自学掌握成套规定套路初级套路并实践教学。

（2）熟练掌握健美操教学方法、教学技能与音乐的运用,使健美操教学更加科学、合理、有趣、有效,进一步掌握健美操规定操考核的评分技能。

4. 教学重点

（1）规定套路的动作规范、控制姿态,提高动作幅度与力度。

（2）规定套路的组合动作分析,专业术语的讲解,规范动作的示范。

5. 教学难点

（1）规定套路动作规范、动作路线、动作力度的控制。

（2）规定套路组合动作分析,专业术语的讲解,规范动作的示范。

6. 作业 / 讨论

（1）提交每周 3 次以上的练习视频。

（2）课堂完成规定套路的组合动作分析。

### 五、教学方法建议

（1）采用传统教学法与支架式教学法相结合的教法,在实践教学过程中采用学生个体自主学习与教师给予"支架"指导相结合的教学模式,充分发挥学生的主体性、主观能动性,培养学生对健美操学习的兴趣,调动学生参与实践的积极性。

（2）帮助学生建立自主探究和协作互动的学习方式,重点突出学生实践能力的培养,即:快速模仿记忆的能力、自学能力、表演能力、创编能力、组合教学能力、组织教学与纠错能力、记写能力、合作与互助能力以及审美评判能力。

### 六、课程考核对课程目标的支撑

#### （一）课程考核方式及成绩评定方法

本课程为考查课程。总成绩由平时考核成绩和期末考核成绩两部分组成，采用百分制，合并计算总成绩（其中平时考核占30%、期末考核占70%）。具体情况如下：

（1）平时考核部分：包括课堂考勤、课堂表现、课后作业、随堂测试等。由任课教师在教学过程中进行检查考核，并在课程结束后汇总完成，占课程考核总成绩的30%。

（2）期末考核部分：包括理论作业、规定套路考试、32拍组合教学、规定套路教学考核和创编能力考核（见表2-11）。

理论作业：在课程结束后的学期期末采用答题册的方式完成，占课程结课考核总成绩的10%。32拍中、高级组合教学规定套路教学在实践教学过程中完成考核，规定套路考试和创编能力考核在课程教学结束时采用集体统一考试的方式完成，占课程结课考核总成绩的60%。

表2-11　课程目标与考核方式对应表

| 支撑毕业要求 | 课程目标 | 考核与评价方式及成绩比例（%） | | | | 课程目标权重 |
|---|---|---|---|---|---|---|
| | | 学习表现 | 课后作业 | 随堂测试 | 期末考核 | |
| | 课程目标1 | | | | 10 | 10 |
| 指标点1-4 | 课程目标2 | | 5 | 5 | 40 | 50 |
| 指标点2-3 | 课程目标3 | | | | 20 | 20 |
| 指标点2-4 | 课程目标4 | 10 | 5 | 5 | | 20 |
| 合计 | | 10 | 10 | 10 | 70 | 100 |

（二）课程目标与评分标准的对应关系（见表2-12）

表2-12　课程目标与评分标准的对应关系

| 课程目标 | 指标点 | 评分标准 | | | |
|---|---|---|---|---|---|
| | | 优秀（0.9-1.0） | 良好（0.70-0.89） | 合格（0.60-0.69） | 不合格（0-0.59） |
| 课程目标1 | | 熟练掌握健美操组合创编方法与步骤，成套健美操创编方法与步骤，健美操裁判规则与评分因素，能够独立完成组合创编、成套健美操的创编 | 掌握健美操组合创编方法与步骤，成套健美操创编方法与步骤，健美操裁判规则与评分因素，能够独立完成组合创编、成套健美操的创编 | 基本掌握健美操组合创编方法与步骤，成套健美操创编方法与步骤，健美操裁判规则与评分因素，能够独立完成组合创编、成套健美操的创编 | 不能掌握健美操组合创编方法与步骤，成套健美操创编方法与步骤，健美操裁判规则与评分因素，不能够独立完成组合创编、成套健美操的创编 |
| 课程目标2 | 对应毕业要求1-4 | 能够熟练完成健美操32拍中、高级组合的创编，独立完成成套健美操的创编以及特色健美操组合的创编，具有较强的健美操钻研精神与创新能力 | 能够完成健美操32拍中、高级组合的创编，独立完成成套健美操的创编以及特色健美操组合的创编，具有一定的健美操钻研精神与创新能力 | 基本能够完成健美操32拍中、高级组合的创编，独立完成成套健美操的创编以及特色健美操组合的创编，具有基本的健美操钻研精神与创新能力 | 不能够完成健美操32拍中、高级组合的创编，独立完成成套健美操的创编以及特色健美操组合的创编，不具有健美操钻研精神与创新能力 |
| 课程目标3 | 对应毕业要求2-3 | 具备良好的健美操的自学能力、成套健美操创编能力，在小组合作中完成成套自编操，团队协作能力与集体主义精神 | 具备较好的健美操的自学能力、成套健美操创编能力，在小组合作中完成成套自编操，团队协作能力与集体主义精神 | 基本具备健美操的自学能力、成套健美操创编能力，在小组合作中完成成套自编操，团队协作能力与集体主义精神 | 不具备良好的健美操的自学能力、成套健美操创编能力，在小组合作中完成成套自编操，团队协作能力与集体主义精神 |

| 课程目标 | 指标点 | 评分标准 | | | |
|---|---|---|---|---|---|
| | | 优秀（0.9–1.0） | 良好（0.70–0.89） | 合格（0.60–0.69） | 不合格（0–0.59） |
| 课程目标4 | 对应毕业要求2-4 | 能够形成良好的健美操健身习惯，积极主动为全民健身活动的开展贡献力量。同时，能够以乐观积极的态度、一定的社会责任感为群众性健美操运动的开展服务 | 能够形成良好的健美操健身习惯，能够为全民健身活动的开展贡献力量。同时，能够以乐观积极的态度、一定的社会责任感为群众性健美操运动的开展服务 | 基本能够形成良好的健美操健身习惯，可以为全民健身活动的开展贡献力量。同时，基本上能够以乐观积极的态度、一定的社会责任感为群众性健美操运动的开展服务 | 没有形成良好的健美操健身习惯，无法为全民健身活动的开展贡献力量。同时，不能够以乐观积极的态度、一定的社会责任感为群众性健美操运动的开展服务 |

# 第五节　健美操评分标准

## 一、规定套路

规定套路考核是在规定套路学习结束后进行的考核部分，考核学生对规定套路的掌握情况。

（一）评分依据（见表2-13）

表2-13　评分依据

| 因素 | 准确性 | 流畅性 | 协调性 | 节奏感 | 表现力 |
|---|---|---|---|---|---|
| 分值 | 4分 | 2分 | 1分 | 2分 | 1分 |

（二）具体评分方法

1. 动作的正确性

（1）身体姿态舒展、动作技术正确、动作范围恰当,4分。

（2）落地技术不正确、身体没有控制、改变动作性质（4拍以上）超过4次,4分以下。

2. 连接动作的流畅性

（1）动作之间的连接自然、流畅;动作的转换及方向变化干净利落、无多余动作,2分。

（2）停顿超过4次,每次超过4拍;停顿超过2次,每次超过8拍,2分以下。

3. 身体的协调性

全身协调运动;动作轻松、有弹性;动作清晰、无多余动作;动作避免过分松弛或过分紧张,1分。

4. 节奏感

（1）动作能充分表现音乐的情绪;动作和音乐节奏配合协调;一连串动作的节奏准确,2分。

（2）节奏感差,1/3的成套动作未配合音乐节奏,2分以下。

5. 表现力

动作能展示内心的激情,体现一种健康、向上的情绪;提倡个人风格的表现,1分。

说明:

（1）以准确性为基础评流畅性。

（2）以流畅性为基础评协调性、节奏感和表现力。

## 二、教学能力考核

### (一)32拍自编组合实践教学

学生自编32拍组合并进行课堂实践教学,在音乐伴奏下运用健美操特有的教学方法进行教学。

1. 评分因素

手势提示运用20分、语言提示运用20分、音乐运用20分、教学方法的使用20分、组合正反对称教学20分。

2. 具体评分

(1)90-100分:教学手势提示、语言提示、音乐运用、教学方法的使用非常准确、规范。

(2)80-89分:教学手势提示、语言提示、音乐运用、教学方法的使用准确、规范。

(3)70-79分:教学手势提示、语言提示、音乐运用、教学方法的使用较准确、规范。

(4)60-69分:教学手势提示、语言提示、音乐运用、教学方法的使用基本准确、规范。

(4)50-59分:教学手势提示、语言提示、音乐运用、教学方法的使用不准确、不规范。

### (二)规定套路实践教学

学生抽签决定规定套路,通过看视频、看图解的自主学习方式先掌握规定套路,再进行课堂实践教学。

1. 评分因素

教学示范2分、术语讲解2分、口令组织练习2分、教学方法使用2分、教学效果2分。

2.具体评分

（1）90-100分：教学示范、术语讲解、口令组织练习、教学方法的使用非常准确、规范、合理,90% 的学生能掌握动作。

（2）80-89分：教学示范、术语讲解、口令组织练习、教学方法的使用以及教学效果准确、规范、合理,80% 的学生能掌握动作。

（3）70-79分：教学示范、术语讲解、口令组织练习、教学方法的使用较准确、规范、合理,70% 的学生能掌握动作。

（4）60-69分：教学示范、术语讲解、口令组织练习、教学方法的使用基本准确、规范、合理,60% 的学生能掌握动作。

（5）50-59分：教学示范、术语讲解、口令组织练习、教学方法的使用不准确、规范、合理,只有 50% 以下的学生能掌握动作。

（三）不同风格动作组合教学

个人自编自学 1 个不同风格的 32 拍动作组合,讲解示范进行教学。具体评分标准如下：
（1）动作准确性、规范性,4 分。
（2）讲解术语规范性,2 分。
（3）教学效果的检验,2 分。
（4）要明确体现一种健美操常用教学方法,2 分。

### 三、规定套路教学教案

（1）90-100 分：教学内容术语书写准确、规范,字迹工整,组织教学方法安排准确、合理、细化,课后小结全面、深刻并附有改进措施。

（2）80-89 分：教学内容术语书写准确、规范,字迹工整,组织教学方法安排较准确、合理、细化,课后小结较全面并附有改进措施。

（3）70-79 分：教学内容术语书写较准确、规范,字迹工整,组织教学方法安排较准确、合理、细化,课后小结较全面。

（4）60-69 分：教学内容术语书写较准确、规范,字迹工整,组织教学方法安排基本准确、合理,课后小结基本全面。

（5）50-59 分：教学内容术语书写不准确、规范,字迹潦草,组织教

学方法安排合理、课后小结单一。

**四、健美操创编**

（一）规定成套健美操改编

分组 3-4 人集体改编规定套路全民健身操二级或三级，集体以表演形式考核。

1.评分因素

（1）集体得分 10 分。
（2）个人得分 20 分。

2.具体评分

（1）动作技术的准确性。
（2）音乐与动作的一致性。
（3）集体动作的整齐统一度。
（4）队形变化的次数不得少于 6 次。
（5）要求设计开始和结束造型。
（6）个人的表现力。

（二）成套自编操考核

（1）个人自编成套健美操的结构为 $8 \times 32$ 个八拍，每一个组合可以正反对称，也可以不对称，每一个组合必须有十个以上的上肢动作；自选音乐与自编动作要匹配、和谐，能充分展示动作的优美与力度，通过个人表演把自编操展示出来。
（2）个人展示评分标准参照规定套路考核标准。

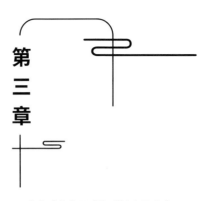

# 第三章

## 健美操教学设计

　　目前,多数高校体育专业健美操教学仍然采用传统教学法,以练习代替探索,强调对知识的记忆、动作的模仿和重复练习,只评价个体的成绩,不注重学生的学习过程和情绪反应,忽视了健美操实践能力的培养。支架式教学模式围绕"特定主题"选择支架。在教学中,教师能正确认识学生的实际发展水平和其潜在的发展水平,合理设置和组织教学过程,促进学习者从现有的学习水平提高到新的理解水平和技能水平。高校健美操课程有着时代性、多元性、创新性、时代性,在高校体育专业健美操教学中运用支架式教学法将实现以学生为主体,充分体现学生的自主性,教师由主体变为主导,应用健美操教学情境,合理组织教学,为学生营造和谐、轻松的学习氛围,不断为学生提供不同层次、不同形式的概念支架,积极引导学生进入学习情境、独立探索、小组协作、小组成员反馈与自我评价等教学环节,达到培养学生学习的主动性、积极性、创造性,培养和提高学生健美操实践能力,以促进学生的全面发展。支架式教学法应用于高校体育专业健美操教学具有可行性,较传统教学法有很大的优势。

　　以建构主义学习理论为指导思想,从健美操教学内容、教学方法、教学过程和教学评价构建大学生能力培养的健美操教学框架体系,为普通高校体育院系健美操教学改革提供参考,进而提高学生的健美操实践能力。建构主义学习理论是 20 世纪 90 年代诞生的认知学习理论的一个

重要分支,它强调学习的主动性、社会性、情景性、协作性。传统健美操教学过于强调教师的"教",而忽视了学生在学习方法、学习环境等方面的需要,学生处于被动的接受地位。因此,在健美操课程中,以建构主义学习理论为指导思想,突破传统的教学框架建立一套适合普通高校大学生能力培养的健美操教学框架体系势在必行。

# 第一节　健美操课程的传统教学

传统健美操教学以教师、教材为中心,教学的主要目标是让学生尽快掌握动作要领,以学会为目的,注重健美操知识体系、技术技能的掌握,以传授运动技能为主,教师过多关注教学任务的完成,不注重学生的学习过程和情绪反应;学生被动获取技能,活跃性不足,积极性不够高,自主学习能力差,导致学生创新意识不强烈,在创编能力上得不到发展;课堂上缺乏交流、协作,个人单独练习严重,合作意识淡薄。健美操传统教学过程一般表现为:教师教—学生学—教师考核。

## 一、健美操的传统教学思路

由于受传统教育思想的影响,目前高校多数采用的仍然是传统的健美操教学方法,以训练代替教学,以练习代替探索。

（一）教学目标

教学的主要目标是让学生尽快掌握动作要领,以会做动作为目的,注重健美操技术动作的掌握,而忽略了学生健美操实践能力的培养。

（二）教师方面

教师过多关注教学任务的完成,不注重健美操教学过程中教学方法的创新,只评价个体的成绩,不注重学生的学习过程和情绪反应,忽视营造交流合作的学习氛围,课堂上缺乏交流、协作,以个人单独练习为主体,缺乏团队精神和协作意识,导致了学生合作意识淡薄,协作能力差。

（三）学生方面

学生被动获取知识技能,课堂活跃性不足,学习积极性不够高,独立自主能力差,进而影响了学生的创新意识的激发与培养,学生不能正确认识自己,学生缺乏创新精神,在创新能力上得不到提升,很难适应现代健美操开放、多元、不断发展的要求。

## 二、健美操的传统教学模式

健美操规定成套动作的学习、32 拍动作组合的创编、3-6 人集体成套操的创编以及学生健美操教学实践环节的传统教学模式如下。

（一）健美操规定套路

健美操规定套路主要由教师教学,讲解示范动作,学生模仿动作、练习、记忆动作到考核组成。

健美操传统教学,规定成套动作的学习与考核,由教师示范动作,学生模仿教师动作,以会跳为目的,课堂中学生的学习由模仿动作、练习动作到考核动作。教师注重学生对动作的记忆情况,而不重视学生的学习情绪反馈,学生对动作的掌握仅仅局限于跟随与死记,缺乏对组合基本动作、基本动作变化的认知,随着多组合的教学,学生就会出现组合与组合的动作混乱,导致对成套动作的准确性、规范性、节奏性以及个人表现力没有形成新的认知与建构。

（二）健美操创编能力

健美操创编能力的培养主要由教师教学示范、实践指导,学生独立创编到独立完成考核等组成。

32 拍动作组合创编,学生积极性不够高,自主学习能力差,缺乏创

新意识,被动按照创编要求独立完成组合,自编组合完成、练习、复习到个人展示与考核,教师虽然给予一定的指导建议,但学生对创编的认知仅仅停留在完成任务,而不是积极主动创编,在创编能力上得不到发展。

3-6人成套操的创编要求集体完成创编、集体参与考核,学生缺乏集体的交流、协作与配合,导致成套自编操的创编缺乏创新、活力与激情。

(三)健美操教学能力

健美操教学能力培养主要由教师讲解、示范,学生观摩、学习到考核组成。

健美操教学实习与练习在课堂中进行,每个学生都进行带操实习和练习,以学生的基本步伐带操实践为主,教师给予学生一定的评价与建议,最后的考核主要由教师考核完成。

# 第二节　健美操课程的创新教学

由于受传统教育思想的影响,普通高校健美操教学过于强调教师的"教",教师过多地关注教学任务的完成,教学的主要目标是让学生尽快掌握动作要领,学会动作,不注重学生的学习过程和情绪反应。整个教学过程一般以教师讲解、示范、学生模仿、记忆的传承式教学形式为主,缺乏学法的研究与创新。在建构主义学习理论指导下,健美操教学采用"支架式"与"抛锚式"相结合的教学方法,在教学过程中给学生创设不同的问题情境,并对学生给予不同层次的概念支架,引导学生进入独立探索、协作学习阶段和学习效果评价阶段,最终实现教学目标。

支架式教学以培养学生健美操实践能力为目标,以健美操基本动作为基础《健美操规定套路》为规定套路学习内容,建立健美操基本步伐、基本动作组合、健美操基本动作变化因素、健美操创编理论、健美操成套操结构、32拍自编组合、健美操组合动作分析、健美操教学示范、教学提示、音乐的运用和基本理论知识的概念框架,在课堂中以学生技术技能掌握程度以及教学计划为依据,呈现不同的问题情境,教师的"支架"由形象直观到简单抽象、由详到简、由有到无逐渐撤销,依次推进教学过程;学生从模仿学习到独立探索,形成技术与能力的主动构建,积极参与到小组协商、讨论,共享集体成果,达到对所学知识的比较全面理解和更深体验,逐渐达到学生健美操动作学习能力、健美操创编能力以及健美操实践能力的培养与提升。

## 一、健美操支架式教学思路

### (一)教学目标

健美操创新教学是以培养学生的全面发展为主要目标,以学生为主体设计健美操教学内容与教学过程,使学生通过健美操课程的学习不仅掌握健美操动作技术,而且能够提高自身健美操创编的实践能力、教学实践能力,同时,培养和提高学生的学习兴趣、协作能力、自主学习能力以及勇于探索、勇敢担当的优秀品格与素质,进而促进学生的全面发展。

### (二)教师方面

在支架式教学过程中给学生创设不同的问题情境,并给予不同层次的概念支架,积极引导学生进入独立探索阶段、协作学习阶段和学习效果评价阶段,最终达到健美操的教学目标。教师不仅要关注健美操教学任务的完成,而且要不断调整健美操教学内容,完善健美操教学方法的创新,在学习过程中时刻关注学生的学习过程和情绪反应,为学生的积极学习状态营造交流合作的学习氛围,课堂上教师组织学生之间的交流、协作,注重协作意识与能力、团队精神的培养与提升,使学生的团队协作能力、互帮互助的优良品格和奉献精神得到了进一步的完善与塑造。

（三）学生方面

健美操支架式教学以学生为中心，以培养学生能力为导向，充分激发学生的创造精神，引导学生在实际学习过程中积极主动利用原有的健美操技术去同化和索引当前学习的新任务，形成新的健美操实践能力、自主学习、协作能力的意义建构。学生由被动获取知识技能变成主动积极探索知识，学生的主体地位得到了充分的发挥，注重学生个性的塑造和全面的发展。学生课堂学习积极主动，通过教师和同伴的帮助与指导，学习过程轻松愉悦，学习体验丰富多彩，收获成功与自信。学生能够正确认识自己，挖掘自己的潜力与优势，积极发挥学习主动性，勇于探索、勇敢展示，在创新能力和健美操实践教学能力方面得到很大的提升。

## 二、健美操支架式教学模式

支架式教学过程设计主要体现为教师教—教师指导—学生学—学生协作学习—学习效果反馈—教师与学生考核。支架式教学模式由五个环节构成：搭脚手架、情境进入、独立探索、协作学习和效果评价。

（一）搭脚手架

教师配合示范动作、视频、简图等健美操基本知识、基本动作、创新内容的学习，让学生建立起健美操课程的概念支架。

（二）进入情境

教师通过向学生提出"想不想学好健美操课程"的问题情境，引入学生进行探索学习健美操课程的兴趣与动机。

（三）独立探索

学生通过自主观看录像、查阅健美操图解、模仿动作学习、练习等行为进入自主探索阶段,培养学生独立自主解决问题的习惯。

（四）协作学习

分组学习、分组练习、分组交流、组员评价,要求学生在集思广益的基础上完成对所学知识的意义建构。

（五）效果评价

对学习效果的评价,包括学生个人的自我评价和学习小组对个人的学习评价。见图 3-1。

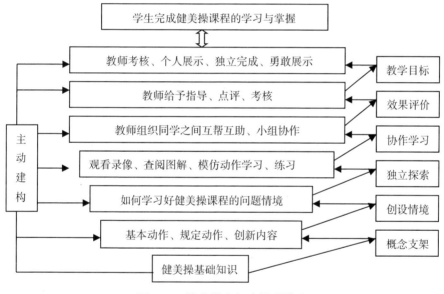

图 3-1　健美操支架式教学模式

### 三、健美操支架式教学过程的优化

（一）强调学习的主动性,树立"以学生为中心"的教学理念

传统的健美操教学过程中,学生的一切活动均以教师授课内容为中心,学生把教师当作模仿对象,缺乏自主探索学习的能力。在建构主义

学习理论下,在健美操教学过程中,学生是健美操学习的主动意义建构者,教师是主动意义建构者的帮助者。学生通过教师准确的动作示范、优美身体姿态建立学习兴趣,自主确立学习目标;同时积极主动去收集、分析健美操知识、基本技术技能、健美操创编、健美操教学技能相关的信息和资料,如教学光盘、比赛录像带、教学音乐碟,找出健美操基本动作、基本动作的变化因素、动作创编的32拍组合方式、基本换脚动作、健美操成套创编原理、健美操教学示范面的转换、教学提示技巧、互动技巧以及动作和音乐的有机融合技巧等知识点,把所学的知识、技术技能与自己已经掌握的技术动作联系起来,并对这种联系加以认真思考,达到理解和解决动作创编和组合教学问题的学习目的。

(二)激发学习兴趣,建立适合健美操特点的分段教学形式

在传统健美操理论教学中,教师采用"满堂灌"的教学形式,严重抑制了学生的学习兴趣,没有健美操基本理论知识做基础的健美操实践课教学效果受到了很大的影响,学生记忆动作方法主要靠头脑记忆动作。在不理解健美操动作技术特点的影响下,学生遗忘动作的现象较为严重,前一次课的动作在本次课中一般要靠教师的提醒才能完成。而建构主义学习理论下健美操理论教学采用分段教学形式,在实践课的开始部分传授与实践课相关的理论知识,并贯穿于健美操实践课的开始部分、基本部分、结束部分,同时要向学生发放有关图文材料、组织观看录像、增加健美操基本动作术语及其记写方法等符号簿方式,丰富学生的知识面,加深学生对健美操动作技术的掌握与记忆。如健美操实践课学习交替类、迈步类、点地类、抬腿类、双腿类等基本动作时,在开始部分讲解基本动作的技术要领、特点以及动作术语名称,然后配合音乐让学生体会,这样大大提高了学生的学习兴趣、加深了学生对健美操动作技术的理解、掌握、记忆和运用,并为以后健美操的创编和组合教学奠定了基础。

(三)注重"协作学习",创设"情境""协作""会话""意义建构"的学习环境

建构主义学习理论下健美操实践教学,教师要根据建构主义学习理论的要求、健美操的技术特点以及学生不同的原有经验基础,在课堂中

以学生健美操技术技能掌握程度为中心创设"情境""协作""会话""意义建构"的学习环境。健美操实践教学设计健美操单个动作的变化、学生编带热身组合这一环节,给学生提供一个"俱乐部健身指导"情境,在带操学习中要求学生通过教学示范、组合教学方法、示范面的转换、语言提示、手势提示以及音乐运用来完成热身组合的教学,这就要求教师组织学生协作学习。学生在教师的组织下一起讨论和交流,学生和教师对学习过程提出自己的看法,并对学生的教学技能、教学技巧、教学方法进行分析评价,及时反馈信息对学生带操学习进行正确的引导,使学生在知识、情感的交流中完成学习任务,达到对健美操带操教学能力的意义建构。教学设计健美操动作创编这一环节,在掌握健美操基本动作基础上,提出创编动作的问题情境,给学生提供健美操基本动作的五种变化因素作为概念支架,让学生对基本动作加以变化,要求各小组进行每一类动作的五种变化,并参与小组讨论,各组评选出最佳变化动作,在教师统一组织下各组与各组之间进行学习交流,达到对健美操动作创编的意义建构。

（四）以教师为主导,制定学生自我评价和小组评价相结合的学习效果评价体系

学生学习效果的评价有助于学生认识自己、认识学习过程,能更好地明确学习目的。建构主义理论下健美操学习效果评价应该包括:教师对学生学习过程及结果的评价,学生自我学习能力的评价,对别人所创编动作规范、新颖、合理、流畅的评价,对别人在健美操组合教学过程中教学示范、示范面的转换、换脚动作、音乐节奏、语言提示、手势提示运用的评价,对别人在协作学习活动中所创编成绩的评价,在协作学习活动中合作、交流、学习态度的评价。

# 第三节　健美操教学内容

在传统的健美操教学中,健美操教学内容的设置以操化动作学习为主,注重健美操知识体系、技术技能的掌握,而忽视了健美操实践能力的培养,教学内容陈旧、单一、灵活性不够。在建构主义学习理论指导下,作者总结数十年的健美操教学经验,设置《大众健美操锻炼等级标准》、健美操基本动作及其动作术语、基本步伐组合操、健美操单个动作变化、组合创编、成套创编、改编、编带热身组合、组合教学以及健美操基本理论知识为教学内容,以"学生"为中心,学生能力培养为导向,充分发挥学生的首创精神,让学生主动在实际学习环境中充分利用自己原有掌握的健美操基础知识、基本技术技能去同化和索引当前学习的新任务,达到自身学习、创编、教学、评价、协作等实践能力的意义建构。

## 一、健美操理论知识

健美操概述、健美操术语、健美操教学理论、健美操创编理论、健美操课的设计与实施、健美操课的构成、热身与整理、健美操课的实施、健美操课的安全考虑、健美操裁判与训练、健美操科学训练等为健美操理论知识的学习。

## 二、健美操动作技术

以健美操动作技术特点分类,将健美操基本动作步伐主要分为五大类,交替类动作、迈步类动作、点地类动作、抬腿类动作、双腿类动作为主要步伐学习内容,以健美操基本步伐组合、32 拍健美操自编组合作为健美操基本动作组合的学习;以《大众健美操锻炼等级标准》《时尚健身操》《全民健身操》《校园活力健身操》《校园啦啦操》《街舞套路》《拉丁健身操》《学生自编成套健美操》以及《学生不同风格自编操》为健美操成套动作的学习。

### 三、健美操创编

健美操基本动作的 5 种变化(方向变化、路线变化、节奏变化、次数变化、高低冲击力变化)、健美操组合创编( 32 拍组合创编、基本步伐个数、自然换脚动作、上肢动作变化次数为组合创编的基础因素)、所学成套动作的改编(组合个别动作的改编、成套动作队形的编排、造型的编排)、成套动作的创编(健美操基本动作的选择、队形的编排、造型的编排、音乐的选择)为学生实践"创新内容"的学习。

### 四、健美操教学

健美操教学实践以学生对健美操基本步伐带操教学、健美操基本步伐组合教学、32 拍自编组合教学、规定套路教学、不同风格健美操组合动作教学为主,一方面培养了学生的教学实践能力,另一方面培养了学生的自信心与勇于探索、勇于展示的个性与品格,从而促进了学生的全面发展。

# 第四节 健美操规定动作支架式教学

## 一、健美操规定动作教学内容

(一)健美操基本动作

健美操基本动作教学内容主要包括健美操基本步伐、健美操基本动作、上肢动作、健美操动作术语。

(二)健美操规定套路

大众健美操锻炼标准第三套规定动作、时尚健身操规定动作、全民

健身操规定动作、大学生校园活力健身规定动作等为主要学习内容。

## 二、健美操规定动作教学思路

健美操规定套路主要由教师教学,讲解示范动作,学生模仿动作、自主分析组合动作元素、模仿练习、记忆动作、组合动作、规定套路的完成到考核组成。

开始由教师集体讲解示范到个别指导,学生从集体跟随模仿到分组协作自主探求,教师给予指导。学生通过对健美操基本动作、基本动作节拍数以及健美操 32 拍组合结构的掌握,积极引导学生主动分析健美操规定套路组合动作,来掌握健美操基本动作以及规定套路的动作技术,使学生能够形成教师给予基本动作,学生就可以完成健美操八拍、组合的动作模仿与展示能力,培养学生健美操动作学习能力的培养与提升。同时,教师要不断鼓励、激励学生将自己掌握的动作组合进行勇敢、自信的展示,进一步培养学生的自信心,如图 3-2 所示。

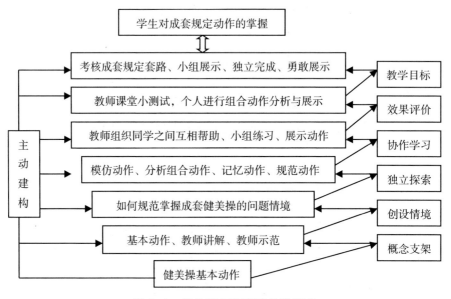

图 3-2 健美操规定套路教学模式

### 三、规定动作支架式教学模式

健美操支架式教学,规定套路学习与考核,开始由教师集体讲解示范到个别指导,教师在示范动作基础上为学生进行概念支架,以健美操基本步伐、基本动作组合、健美操基本动作变化因素、健美操教学示范、教学提示、音乐的运用和基本理论知识的概念框架,学生从集体跟随模仿到分组协作到自主探求,来掌握规定套路动作,达到对所学动作比较全面的理解和更深的体验。

（一）搭脚手架

教师配合示范动作、视频、简图等健美操基本知识、基本动作、基本步伐、组合动作元素、组合动作名称的分析、教师给予动作元素让学生完成一个八拍的组合动作、提问规定动作名称学生完成动作技术等让学生建立起健美操规定动作的概念支架。

（二）进入情境

教师通过向学生提出"如何记忆掌握规定动作套路"的问题情境,引入学生进行自主探索学习健美操规定动作的名称与技术要求、自主进行规定动作组合的元素分析。

（三）独立探索

学生通过自主观看健美操规定套路的视频录像、查阅规定动作图解、模仿动作学习、自主分析组合动作名称,通过观看视频分解规定套路组合的动作元素练习,进入自主探索阶段,培养学生独立自主分析问题、解决问题的习惯与能力。

（四）协作学习

教师组织学生分小组学习、练习,小组成员互帮互助、组长带领、示

范、教学组员学习、练习,要求学生在团队协作的基础上完成对规定动作记忆、熟练、掌握、内化的意义建构。

(五)效果评价

教师通过小组互评、教师点评、教师考核的形式对学生的学习效果进行评价、指导,包括学生个人的自我评价、学习小组对个人的学习评价以及小组互相评价。

# 第五节  健美操创编支架式教学

## 一、健美操创编教学内容

(一)32 拍组合创编

32 拍组合创编,教师给予学生基本动作变化要素、正反组合法等新的概念支架,提出"如何创编 32 拍动作组合"的问题情境,引导学生进入自主探求阶段,要求学生独立自编 32 拍动作组合,并参与小组讨论、评价自编 32 拍动作组合的创编成果,教师组织学生进行效果评价。

(二)成套健美操创编

3-6 人成套自编操,教师为学生提供成套自编操创编方法、步骤、队形变换次数等概念支架,创设学生自由分组、集体参与自编组合讨论的课堂情境,引导学生进行分工协作,集体创编、协作商讨选配音乐、设计队形变化与造型,最后参加表演考核,教师组织各组组长进行考核评价。

## 二、健美操创编教学思路

健美操创编能力的培养主要由教师教学示范、实践指导,学生独立创编、自主探索、小组协作、互帮互助、点评、给予建议、整改、练习、团队协作、勇于展示到独立完成考核等组成。

## 三、健美操组合创编支架式教学模式

健美操创编支架式教学由教师指导学生进行创编,起初的指导和帮助要多一些,以后逐渐放手让学生自己去探索达到培养学生学习的主动性、积极性、创造性,增加学生自我创编能力,培养学生独立自主解决问题的习惯,如图 3-3 所示。

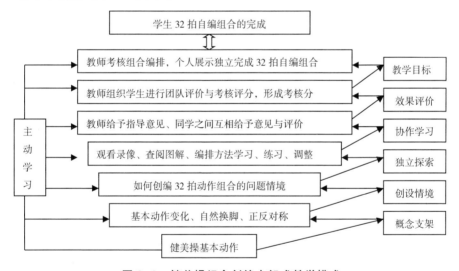

图 3-3　健美操组合创编支架式教学模式

（一）搭脚手架

在掌握了规定成套健美操的基础上,以基本动作、基本动作变化要素、正反组合、健美操 32 拍创编知识为概念支架,教师配合示范动作、视频、简图等让学生建立健美操创编概念。

（二）进入情境

向学生讲解成套健美操创编的基本原则、基本方法、基本步骤以及学生原有的健美操基本动作、基本动作的 5 种变化因素、动作创编的 32 拍组合方式、基本换脚动作等动作技术作为概念支架,提出问题成套健美操是由几个组合组成的,如何来创编一个 32 拍组合,引导学生进入独立思考探索阶段。

（三）独立探索

学生在问题导向及原有动作技术的基础上,独立探索创编一个组合中需要的最原始基本动作个数的选择以及动作顺序的安排和动作衔接,在初步创编出初级组合的基础上再进行动作的变化形成新的高级组合。学生需要根据基本步伐数量要求、基本动作变化次数要求、上肢动作变化要求、正反对称要求发挥创新意识,独立完成 32 拍自编组合的创编。

（四）协作学习

学生分组完成 32 拍自编组合的创编,要求学生在集思广益的基础上完成对所学知识的意义建构,创编个人 32 拍动作组合,并参与小组讨论、评价学生自编 32 拍动作组合的创编成果,进行分工协作,每人创编 1-2 个 32 拍组合,评定出最佳组合。

（五）效果评价

教师组织学生进行效果评价,包括学生个人的自我评价和学习小组对个人的学习评价,最后集体学习、练习、表演考核,教师和每组组长组成评价小组进行表演效果评价,以教师和各组长平均成绩作为该组学生 32 拍自编组合的成绩。

## 四、健美操成套创编支架式教学模式

（一）搭脚手架

3-6 人成套自编操，为学生提供成套健身操创编方法、步骤、队形变换次数、开始结束造型要求为概念支架。教师提供给学生基本步伐和上肢动作，让学生了解创编的一般原则，引导学生在此基础上，进行设计不同方向、次数、路线、高低冲击力变化以及移动的动作并进行动作合理搭配和连接，使创编的动作更安全、有效，更具有针对性和创新性。

（二）进入情境

在教学过程中给学生创设真实视角的问题情境，利用观看大众健美操比赛录像、表演健美操录像，引导学生进入这些比赛操或表演操的问题情境，激发学生的学习兴趣，这些自编操都是由健美操基本动作变化而来的，每个人自己都可以创编出自己风格和不同水平的成套健美操，那么如何才能创编出成套健美操呢？告知学生认识到规定套路也是前人创编出来的，人人都可以创编，并组织学生自由分组，进入成套自编操创编、集体参与自编组合讨论的情境创设。

（三）独立探索

教师指导学生自己去探索，引导学生进入自主探求阶段，要求学生根据创编要求先独立完成四个自编32拍动作组合，设计自编操风格、总体结构与主要动作要素的编排，达到培养学生学习的主动性、积极性、创造性，提高学生自我创编的能力。

（四）协作学习

在原有分组基础上每个学生把自己创编的动作组合与小组协商讨论，共同分析讨论所编排动作组合是否合理、流畅，集体指定出该小组共同的自然组合，并通过集体的协商讨论，再将各组合汇集在一起进行

连接、修改、选配音乐,设计队形变化与造型,完成成套创编。

(五)效果评价

教师组织学生进行效果评价,包括学生个人的自我评价和学习小组对个人的学习评价,最后集体学习、练习、表演考核,教师和每组组长组成评价小组进行表演效果评价,各小组自编健美操通过这三种评价相结合的方式来达到学生对成套健美操编排的熟练掌握和理性的认知目的。如图3-4所示。

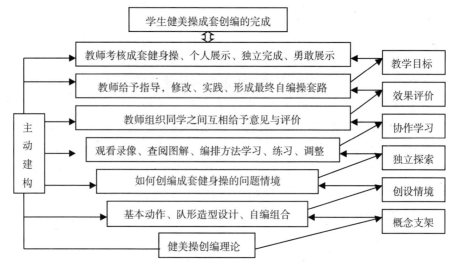

图3-4 健美操成套创编支架式教学模式

# 第六节 健美操教学实践支架式教学

## 一、健美操教学实践内容

### (一)健美操教学技能

学生的教学示范:示范点、示范面以及示范面的转换(重心变化法、重复变化法、中间脚法);教学提示:语言提示(运用"倒数法"而不是"顺数法",提示口齿清晰、动作名称正确,尽量使用正面语言,避免使用含糊语言,提示应与音乐融为一体、要有一定节奏,比较难的节奏要数出来)、非语言提示(标志和符号、手势、面部表情和视线接触、身体语言)。

（二）健美操指导技巧

声音的运用要有力而富于韵律,所有提示必须与音乐的节拍吻合;沟通的途径有表达术语内容、动作要求的口头沟通和面部表情、动作姿势及手势、眼神等非语言沟通。

（三）健美操教学方法

健美操常用的教学方法包括线性渐进法、金字塔法(正金字塔法、倒金字塔法)、递加法、连接法、过渡动作法(过渡保持法、过渡动作去除法)、分解变化法(先进行单个动作练习并加入所有变化后,再连成组合动作;先把基本动作连成组合动作,再在其基础上进行变化)。

**二、健美操教学实践教学思路**

健美操教学能力培养主要由教师讲解、示范,学生观摩、学习、自主实践教学练习、小组协作、配合、提示、重复练习到独立完成健美操教学实践的考核组成。

**三、健美操教学实践支架式教学模式**

以教师带操教学过程、健美操教学方法、教学示范、语言提示、手势提示、音乐运用等为教学概念支架,创设健身俱乐部带操教学情境,组织学生独立进行5分钟热身操和32拍动作组合教学、热身组合的教学,每个学生都有实习带热身操的机会,也是必须要实践"健美操教学"的部分。在学生实习实践过程中教师组织其他学生对学生的教学进行学

习效果反馈,指出优点和不足,并集体点评,层层归纳,使学生对自身的教学能力有进一步的了解,逐渐从感性认识上升到理性认识,形成新的概念支架,引导其在以后的教学能力考核中能运用更好的教学方法组织教学过程,最后形成对健美操教学过程的主动建构。

(一)搭脚手架

教师通过健美操实践教学带操示范,给予学生健美操教学方法、教学示范、语言提示、手势提示、音乐运用等为概念支架。

(二)进入情境

创设健身俱乐部带操教学情境,学生在健美操音乐的伴奏下完成健美操基本步伐、5分钟热身操以及32拍自编组合的教学实践。学生课前积极自主学习探索健美操教学方法技巧,课堂进行健美操基本步伐、健美操32拍动作组合以及健美操规定套路的实习教学。

(三)独立探索

教师通过教学带操实践示范为学生提供概念支架,学生课前通过健美操教学视频的观摩、学习,引导学生进入自主探求阶段,学生通过积极主动发现、挖掘健美操基本步伐、带操手势提示、语言提示、教学技巧、教学激情、健美操音乐等的合理运用。

(四)协作学习

学生在课前通过小组成员的互相配合与指导下,不断实践健美操基本步伐、健美操32拍自编组合以及规定操的教学实践活动,为学生进入课堂教学实践做好充分的准备。

(五)效果评价

教师和其他学生对学习效果进行评价反馈,指出教学过程中的优点与不足,使学生对自身的教学能力有进一步的了解。在以后的教学能力考核中能运用更好的教学方法组织教学过程,逐渐从感性认识上升到理性认识,从而形成新的概念支架,最终达到对健美操教学实践的主动建构。如图 3-5 所示。

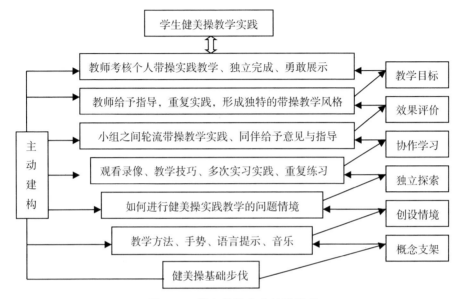

图 3-5　学生教学实践教学模式

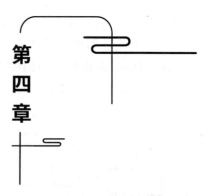

# 第四章

## 健美操支架式教学实证研究

在建构主义学习理论指导下,将支架式教学模式应用于高校健美操教学中,取得了良好的教学效果。在本章节中将作者主持的山西省高等学校教育教学改革项目"支架式"教学模式在高校体育教育专业健美操教学中的实证研究成果总结以及相关科研成果进行阐述与讲解。该研究成果荣获 2021 年度校级教育教学成果奖一等奖、山西省高等教育教学成果奖二等奖。

## 第一节 《"支架式"教学模式在高校体育教育专业健美操教学中的实证研究》成果总结

### 一、成果产生的背景与意义

支架式教学是建构主义教育理论中众多教学模式中的其中之一,它是根据维果斯基的最近发展区理论,对较复杂的问题通过建立"支架式"概念框架,使学习者自己能沿着"支架"逐步攀升,从而完成对复杂概念意义建构的一种教学模式。支架式教学由搭脚手架、进入情境、独立探索、协作学习和效果评价五个环节组成,并且认为,动作技能的学习不是纯粹的主观意义建构的结果,而应是主观与客观相统一的过程。

传统健美操教学过于强调教师的"教",而忽视了学生在学习方法、学习环境等方面的需要,学生处于被动的接受地位。传统的教学方法主要是教师采用示范、讲解的灌输式教学,使学生对健美操的认知不够,学生对健美操的学习缺乏动力、主动、探索,兴趣不高、被动接受、参与度不足。对健美操规定动作的学习纯属于死记硬背,学习仅仅停留在被动地模仿动作、记忆动作、完成动作,这种教学模式抑制了学生的学习兴趣,学生对健美操课程的学习不积极、不主动、不思考,对健美操的认知局限于在音乐伴奏下的一些操化动作,没有更深层次的认知。传统教学注重学生技术认知目标的达成、结论性知识的掌握等,而轻视学生创新、协作、责任、信任、自信等非智力因素的培养,学生对健美操课程的学习认识存在一定的偏颇,认为协调性好的才能学好,自己协调性差,就出现学习动力不足,放弃了学习、练习的意识与行为,不去向老师和其他同学请教,其他学生也不会给予帮助,这样同学之间的学习没有形成互帮互助的学习氛围,学生的主观能动性没有被调动起来。因此,需要我们用实证方法综合地进行全面、系统的多元化研究健美操教学问题。

本成果在健美操课程中,以建构主义学习理论为指导思想,突破传统的教学框架,建立一套适合普通高校体育教育专业大学生健美操实践能力培养的教学框架体系势在必行,用"支架式"教学模式来优化健美操教学过程,从健美操基础知识、创新内容、教学实践、教学技能、指导技巧、教学方法等方面重新整合健美操教学的整体框架,从健美操规定动作成绩、健美操创编能力、健美操教学能力、学生学习兴趣、自主学习能力、协作能力等,全面、系统地将实验班和对照班进行对比分析研究是非常有必要的,希望对高校健美操教学水平的提高、体育专业学生健美操实践能力的培养提供一定的实践指导依据。

## 二、成果主要内容

### （一）研究对象与研究方法

#### 1.研究对象

研究对象为吕梁学院体育系体育教育专业 2013 级学生，随机抽取两个班 68 名学生，一个班为实验班，一个班为对照班。

#### 2.研究方法

本研究采用文献资料法、实验法、问卷调查法、数理统计法、对比分析法等，进行支架式教学模式下的健美操教学实证研究。在教学实验过程中，以吕梁学院体育系健美操普修课四个班级的学生作为研究对象，随机抽取两个班作为实验班，采用"支架式"健美操教学模式进行教学，两个班作为对照班，采用传统健美操教学模式进行教学，通过一学期的教学，对教学效果进行测定与分析，得出支架式教学模式下健美操教学与传统健美操教学在教学效果上的差异性。

（1）文献资料法：（包括文字、图形、符号、声频、视频等具有一定历史、理论价值和资料价值的材料）积极设计出适合本研究的支架式模式下的健美操教学环节。

（2）实验法：将 2013 级学生随机进行教学观察，在其他条件完全相同的条件下，对照组为传统教学，实验组为支架式教学。实验班严格、合理按照计划进行"支架式教学"，每一个教学内容按照支架式教学模式的搭脚手架、进入情境、独立探索、协作学习和效果评价五个环节进行教学实验，为期一个学期 32 课时的健美操实验教学结束后，将从健美操规定动作成绩、健美操创编能力、健美操教学能力、学生学习兴趣、自主学习能力、协作能力等 6 个方面将实验班和对照班进行对比分析研究，最后得出结论。

（3）问卷调查法：根据本研究需要，实验前对体育理论专家、部分高校健美操教师、高校体育专业学生进行问卷调查，了解各学校健美操普修课的现状，发现存在的问题；就支架式教学模式在健美操课教学中运用的可行性及相关问题对健美操教师进行了问卷调查，教学实验后对受试者进行问卷调查，了解学生在健美操学习过程中对健美操学习兴趣、自主学习能力、协作能力的现状与发展,以掌握支架式教学模式在实际教学中的效果,为研究分析提供信息和实际数据。

(4)数理统计法:采用数理统计法处理全部数据资料,所有的数据都使用 SPSS 进行处理,对实验结果进行检验。

(5)对比分析法:对实验结果、实验中所出现的问题展开科学分析和讨论,从健美操规定动作成绩、健美操创编能力、健美操教学能力、学生学习兴趣、自主学习能力、协作能力等方面将实验班和对照班进行对比分析研究,最后得出结论与建议。

(二)目标以及拟解决的关键问题

在传统的健美操教学中,健美操教学内容的设置以操化动作学习为主,注重健美操知识体系、技术技能的掌握,而忽视了健美操实践能力的培养,教学内容陈旧、单一、灵活性不够。而支架式教学模式下健美操教学以学生为中心,以学生能力培养为导向,充分发挥学生的首创精神,让学生主动在实际学习环境中充分利用自己原有掌握的健美操基础知识、基本技术技能去同化和索引当前学习的新任务,达到自身学习、创编、教学、评价、协作等实践能力的意义建构。

由于受传统教育思想的影响,普通高校健美操教学过于强调教师的“教”,教师过多关注教学任务的完成,教学的主要目标是让学生尽快掌握动作要领,学会动作,不注重学生的学习过程和情绪反应。在支架式教学过程中给学生创设不同的问题情境,并对学生给予不同层次的概念支架,引导学生进入独立探索阶段、协作学习阶段和学习效果评价阶段,最终达成教学目标的实现。

(三)成果实施步骤

(1)按照吕梁学院体育系 2013 级体育教学专业学生培养计划,确定健美操普修课程教学内容,设计高校体育专业健美操支架式教学目标、教学过程、教学评价等教学框架与设施过程。

(2)从 2015 年 3-7 月进行健美操支架式教学实验。为期 32 学时的健美操教学期间进行规定套路考核、32 拍自编组合考核、32 拍组合教学考核、成套自编操指导与考核,最后对学生进行健美操课后学习兴

趣、自主学习能力、协作能力培养与提升状况问卷调查。

（3）对所得成绩数据和问卷数据进行统计分析得出结论。

（四）研究结果

1. 支架式教学模式下健美操教学特点

（1）搭脚手架。教师配合示范动作、视频、简图等让学生建立健美操创编概念。

（2）进入情境。教师给学生提供基本步伐和上肢动作，让学生了解创编的一般原则，引导学生在此基础上，设计不同方向、次数、路线、高低冲击力变化以及移动的动作并进行动作合理搭配和连接，使创编的动作更安全、有效，更具有针对性和创新性。

（3）独立探索。教师指导学生进行创编，起初的指导和帮助要多一些，以后逐渐放手让学生自己去探索达到培养学生学习的主动性、积极性、创造性，增加学生自我创编能力，培养学生独立自主解决问题的习惯。

（4）协作学习。要求学生在集思广益的基础上完成对所学知识的意义建构。

（5）效果评价。对学习效果的评价，包括学生个人的自我评价和学习小组对个人的学习评价。

2. 支架式健美操教学设计思路与实施方案

首先确定能力培养为目标，围绕《时尚健身操》1~2级为学习内容，建立健美操基本步伐、基本动作组合，健美操基本动作变化因素，健美操教学示范、教学提示，音乐的运用和基本理论知识的概念框架，在课堂上以学生技术技能掌握程度以及教学计划为依据，呈现不同的问题情境，教师的"支架"由形象直观到简单抽象，由详到简，从有到无逐渐撤销；学生从模仿学习到独立探索，形成技术与能力的主动构建，积极参与到小组协商、讨论，共享集体成果，达到对所学知识的比较全面理解和更深体验，规定成套动作学习能力的培养，32拍组合、成套操创编能力的培养，5分钟带操、32拍组合教学能力的培养。

3. 教学实验结果

2015 年 3-6 月,2013 级体育教育专业学生开设 32 课时的健美操普修课程,为期一个学期,项目主持人进行教学实验,将支架式教学模式下健美操教学设计应用于吕梁学院体育系 2013 级实验班,对照班以传统健美操教学模式进行教学。实验班严格、合理按照计划进行"支架式教学",每一个教学内容按照支架式教学模式的搭脚手架、进入情境、独立探索、协作学习和效果评价五个环节进行教学实验。为期一个学期 32 课时的健美操实验教学结束后,将从健美操规定动作成绩、健美操创编能力、健美操教学能力、学生学习兴趣、自主学习能力、协作能力等 6 个方面将实验班和对照班进行对比分析研究,最后得出结论。

(1)支架式教学模式由搭脚手架、进入情境、独立探索、协作学习和效果评价五个环节组成,使健美操教学更加科学、合理,在高校健美操教学中的可行性较高,支架式教学模式能促进学生动作技能的掌握,支架式教学模式有利于学生创编能力的提高。支架式教学模式在健美操课中起着桥梁和中介的作用,指导学生实践,积累经验,促使学生的主体地位以及应用能力得到高层次的提高,最后整体提高了教学效率。

(2)支架式教学模式在高校专业健美操教学中的应用有一定的教学效果,其对学生的规定动作成绩、创编能力、教学能力、学习兴趣、自主学习能力、协作能力的提升有一定的积极作用。支架式教学模式对提高学生的教学能力也具有促进作用。支架式教学模式下,学生的教学步骤更清晰,教学思路更准确,教学方法更具体,教学态度更端正。支架式教学模式有利于提高学生的学习兴趣。兴趣是最好的老师,在支架式教学模式下上课,学生对这种教学的新鲜感特别强烈,不仅积极性增高,而且课堂效率也明显高于传统的教学模式。学生的兴趣提高了,就会主动去学习,支架式教学模式有利于学生自主学习能力的提高。学生在自主学习的情况下,难免会遇到各种难题,面对困难,学生就会增强团队意识,就会和同伴合作探究,共同进步,支架式教学模式有利于学生合作能力的提高。

(3)支架式教学模式下健美操教学能更好地发挥教师的主导作用,体现学生的主体地位,营造和谐、融洽的教学氛围,不仅能突出教师的先导作用,而且还能激发学生的积极性,促进学生快速进入教学情境,积极主动学习建构、独立探索、分组合作、自主评价,达到良好的教学效果。

### 三、主要创新点

以建构主义学习理论为指导思想,采用以学生为中心的健美操支架式教学模式,为学生提供问题支架、概念支架、直观支架、同伙支架、诱导练习支架、反馈支架,引导学生进入情境,积极主动独立探索,通过与小组同伴的协作学习与教师或学生之间的效果评价五个基本环节达到教学目标的实现。

成果的创新之处在于采用传统教学法与支架式教学法相结合的教法,突出由传统的"教师教,学生学"变为"学生为主体,学生主动学"。从健美操支架式教学模式、特点、过程说明健美操支架式教学设计,从健美操基础知识、创新内容、教学实践、教学技能、指导技巧、教学方法等方面重新整合健美操教学的整体框架,从健美操规定动作的准确性、节奏性、协调性来研究传统教学与支架式教学在高校体育专业健美操普修教学中的差异性,从基本步法、上肢动作的变化、自然换脚动作、基本动作的 5 种变化等方面来分析研究健美操支架式教学在学生健美操创编能力培养中的优势,从语言教学提示、手势提示、音乐的应用、教学方法等方面来论证支架式教学方法在高校健美操教学中的显著性教学效果。从健美操规定动作成绩、健美操创编能力、健美操教学能力、学生学习兴趣、自主学习能力、协作能力等 6 个方面入手,重点培养学生对健美操学习的兴趣、学生的观察能力、思维能力、实践能力、创新能力、简单的评价能力与团结协作能力,在实践教学过程中充分发挥学生的主体性、主观能动性以及参与实践的积极性,让学生在实践中体会到自主、合作学习的重要性。

### 四、成果应用及效果

根据本研究的成果,对 2013 级专项理论与实践健美操课程进行教学,同时将用支架式教学法应用在 2015 级、2017 级、2018 级、2019 级专项理论与实践(健美操)课程的教学过程中,整合教学框架、优化教学过程、完善教学评价,对健美操专修学生的实践能力的培养与提高方面取得了很好的教学效果,培养和提升了高校体育教育专业学生健美操学习兴趣、积极主动的自主学习能力与同学之间的协作能力,并提高了学生的健美操创编与教学实践能力。近 4 年来,学生的健美操教学实践能力、创编能力明显提升,在实习单位、用人单位赢得了广泛赞誉。

(一)全面修订课程体系

2017年、2018年我们两次对吕梁学院体育系体育教育专业的人才培养方案进行了全面修订,合理重构了《健美操》《羽毛球》《乒乓球》《大学体育三、四》《专项理论与实践(健美操)》《专项理论与实践(羽毛球)》《专项理论与实践(乒乓球)》课程体系,特别是对健美操创编实践课程教学模式进行了全面改革。

(二)教师质量工程标志性成果和理论研究成果显著

自项目实施以来,项目组成员主持或参与省级教学改革研究项目2项;主持或参与校级教学改革研究项目5项,主持或参与省级教育教学规划课题1项,省级社会科学课题2项,主持或参与吕梁市科技局课题1项,大学生创新训练项目省级以上31项,校级4项,编写出版专著、教材3部,在省级以上刊物上发表相关教学改革研究论文4篇,获发明专利1项、实用新型专利4项。

(三)实现校内资源共享

在教学过程中主持教师在支架式教学模式的应用与指导下创编成套特色健美操教学视频与教学图解;创新健美操教学方法,2018年成功申报校级优质课程,建立健美操网络平台,校园网上传以上资料,实现校内资源共享。

(四)提升学生实践教学能力

学生在支架式教学模式的学习与指导下,自编成套健美操,装订学生自编操教案、录制学生自编成套健身操视频,学生的健美操创编能力、实践教学能力得到了很大的提升。

（五）其他项目的拓展性推广

　　学生个体自主学习与教师给予"支架"指导相结合的教学模式,在大学体育健美操、交谊舞、羽毛球、乒乓球等其他项目的实践教学中也得以运用,并取得了较好的教学效果。

（六）健美操运动成绩

　　在健美操团队教师的带动下,成立了学校健美操社团、健美操运动队、健美操社团,将"支架式"教学模式运用到了健美操训练中,得到了良好的训练效果,校健美操运动队积极参加各级各类比赛,均取得了优异成绩。学生在健美操课程团队教师的指导下积极参与健美操竞赛,成绩卓著,参加各类比赛获国家级、省级奖 10 多项,共获国家特等奖 2 项、一等奖 5 项、二等奖 2 项、三等奖 3 项,省级一等奖 2 项。

（七）获奖荣誉

　　将支架式教学模式应用于体育教育专业《健美操》课程中,创新健美操教学方法,2020 年 12 月参加吕梁学院首届教师教学创新大赛,分享支架式教学模式在健美操课程中的应用,荣获三等奖,2021 年荣获校级教学成果奖一等奖、2021 年省级教学成果奖二等奖。

（八）团队教师获奖荣誉

　　团队教师将支架式教学模式应用在乒乓球课程教学和乒乓球队训练中,荣获"山西省大中小学生乒乓球锦标赛"大学男子组团体第三名;2016 年 6 月指导大学生创业大赛,荣获三等奖;2016 年 10 月指导大学生参加山西省高校教师教育联盟第二届师范生教学技能竞赛,荣获优秀奖。

**五、成果反思**

　　支架式教学模式下健美操教学对高校健美操教师的教学能力提出了更高的要求,所以教师不仅需要了解学生的心理状况和学习水平,及时引导学生积极建构新的知识体系,而且在教学过程中需要教师精心设计教学内容,合理调动各种有效资源,严格控制教学过程,从教学内容、教学方法重新整合高校体育专业健美操教学,避免出现忙而无序和适得其反的效果,在教学过程中若出现支架搭建失败的情况,应重树信心重新搭建支架。

# 第二节　健美操支架式教学实证研究对象与方法

## 一、研究对象

研究对象为吕梁学院体育系体育教育专业 2013 级学生,随机抽取两个班 68 名学生,一个班为实验班,一个为对照班。

## 二、研究方法

### (一)文献资料法

查阅收集包括文字、图形、符号、声频、视频等具有一定历史、理论价值和资料价值的材料,参考包括文字、图形、符号、声频、视频等资料,积极设计出适合高校体育专业健美操支架式教学过程。

### (二)实验法

将 2013 级学生随机进行教学观察,在其他条件完全相同的条件下,将支架式教学应用于实验班,设计支架式教学模式下的高校体育教育专业健美操普修课程的教学内容、教学过程、教学评价。每一个教学内容按照支架式教学模式的搭脚手架、进入情境、独立探索、协作学习和效果评价五个环节进行教学实验,实验教学结束后,对教学效果进行测试考核与分析,最后得出结论。

（三）问卷调查法

（1）就支架式教学模式在健美操课教学中运用的可行性及相关问题对健美操教师进行了问卷调查，教学实验后对受试者进行问卷调查，为研究分析提供信息和实际数据。

（2）对吕梁学院体育教育专业2013级健美操普修课的学生进行了问卷调查，当面发放，当场回收，问卷的内容包括学生对上健美操课学习兴趣的培养与提高、自主学习能力的培养与提高、合作能力的培养与提高三方面的认可度，以及各项指标的得分评判标准，通过同学们对问卷的回答，将有助于了解学生对上健美操课所持的态度、了解学生在健美操学习过程中对健美操学习兴趣、自主学习能力、协作能力的现状与发展，为研究分析提供数据参考。问卷中的每项都是100分，将从以下五个方面进行打分，非常赞同100分，比较赞同80分，赞同60分，不赞同40分，完全不赞同20分。

（四）数理统计法

采用数理统计法处理全部数据资料，所有的数据都使用SPSS进行处理，对实验结果进行差异性检验，得出支架式教学模式下健美操教学与传统健美操教学在教学效果上的差异性。

（五）对比分析法

将实验班和对照班进行对比分析研究，对实验结果、实验中所出现的问题展开科学分析和讨论。

（1）从健美操规定动作成绩、健美操创编能力、健美操教学能力、学生学习兴趣、自主学习能力、协作能力等方面将实验班和对照班进行对比分析研究，最后得出结论与建议。

（2）从32拍创编组合的基本步伐应用的类型、上肢动作的变化次数、自然换脚动作的应用、个人对自创组合表演能力以及个人组合教案的设计与书写等五方面对学生的健美操个人创编能力进行对比分析；3-6人成套自编操的创编从集体表现和个人表现两方面进行对比分析，最后得出结论与建议。

# 第三节 健美操支架式教学的实验设计

从健美操基础知识、创新内容、教学实践、教学技能、指导技巧、教学方法等方面重新整合健美操整体教学框架,应用支架式教学模式优化健美操教学过程,对教学实验结果进行对比,得出支架式教学模式下高校健美操教学更加科学、合理,能充分发挥教师的主导作用,体现学生的主体地位,学生的学习兴趣、自主能力、协作能力及健美操实践能力比传统教学班得到了更大的提升。

## 一、健美操支架式教学设计理论基础

建构主义理论认为,认识不是主体对于客观简单的、被动的反映,而是主体以自己已有知识经验为背景所进行的积极的、主动的建构过程,即学习者所获得的知识不是教师传授而来的,而是学生在一定的情境下,借助于其他人的帮助,通过意义建构的方式获得的。在教学过程中,为学习者提供或建构一种对知识理解有意义的概念框架,用于促进学习者对问题的进一步理解,这种模式的教学就是支架式教学,也称为"脚手架式教学"或"支撑点式教学"。支架式教学模式充分发挥教师的主导作用,激发学生的学习兴趣,培养学生自主学习能力,体现了以学生为中心的现代教学理念,实现了学生智力与非智力协调统一的发展。支架式教学模式是在认知主义基础上发展起来的独特的学习观,在健美操教学中的运用突破了原有的传统教学模式,将教师由主体变为主导,充分体现了教学观念的转变。

## 二、健美操支架式教学设计意义

支架式教学是建构主义教育理论中众多教学模式中的其中之一,它是根据维果斯基的最近发展区理论,对较复杂的问题通过建立"支架

式"概念框架,使学习者自己能沿着"支架"逐步攀升,从而完成对复杂概念意义建构的一种教学模式。传统健美操教学过于强调教师的"教",而忽视了学生在学习方法、学习环境等方面的需要,学生处于被动的接受地位。因此,在健美操课程中,以建构主义学习理论为指导思想,突破传统的教学框架,建立一套适合普通高校体育教育专业大学生健美操实践能力培养的教学框架体系势在必行。

在普通高校体育教育专业健美操教学实践过程中,要积极设计出科学化、合理化、多元化的高校健美操支架式教学模式,利用"支架式"教学模式优化高校体育专业健美操教学过程,从健美操基本动作的创新变化、健美操教学技能、教师指导技巧、健美操教学方法等方面重新整合健美操教学框架,对学生健美操规定套路掌握、32拍组合动作的创编以及实践教学等健美操实践能力方面进行教学效果评价,希望对高校体育教育专业学生健美操实践能力的培养提供一定的实践指导依据,为高校体育教育专业培养全面发展的学生提供一定的参考。

**三、健美操支架式教学实验设计**

(一)教学目标的设计

健美操支架式教学目标为:健美操规定套路达标目标、健美操32拍动作组合和成套健身操创编、健美操组合教学等实践能力目标、学生学习兴趣、自主学习能力、协作能力目标。

(二)教学条件的设计

为了保证支架式教学法在健美操教学中的实验顺利,我们对教学条件做了如下的设计:在教学环境、场地、时数、教学内容相同的情况下,实验班采用支架式教学法进行教学,对照班采用传统教学法进行教学,均由同一名健美操教师担任教学任务。

(三)教学技术路线的设计

首先支架式教学模式围绕"特定主题"选择支架,体现"由扶到放"

的教学过程,实现"由师到生"责任转移。其次在教学中,作为提供"脚手架"的教师,促进学习者从现有的学习水平提高到新的理解水平和技能水平。

### 1.优化健美操教学过程

用"支架式"教学模式来优化健美操教学过程,从健美操基础知识、创新内容、教学实践、教学技能、指导技巧、教学方法等方面重新整合健美操教学的整体框架,规定动作成绩、健美操创编能力、健美操教学能力、学生学习兴趣、自主学习能力、协作能力方面,全面、系统地将实验班和对照班进行对比分析研究是非常有必要的,希望对高校健美操教学水平的提高、体育专业学生健美操实践能力的培养提供一定的实践指导依据。

### 2.突出学生实践能力的培养与提升

将支架式教学应用在健美操创编的教学中,教师给学生提供基本步伐和上肢动作,让学生了解创编的一般原则,引导学生在此基础上,设计不同方向、次数、路线、高低冲击力变化以及移动的动作,并进行变化动作的合理搭配和连接,使创编的动作更安全、有效,有针对性和创新性,培养学生学习的主动性、积极性、创造性,达到更好地培养和提升学生健美操创编能力,有效提高教学效率,全面提高学生的素质。

## 第四节  健美操支架式教学实证研究

### 一、健美操规定动作成绩

在支架式教学实证过程中对体育专业学生健美操规定套路学习成绩、健美操规定成绩评分因素准确性、流畅性、协调性、节奏性、表现力等五方面进行了对比研究。

（一）学生规定动作成绩总分

实验结果显示，支架式教学模式下，学生规定动作技术成绩明显高于传统教学模式下学生成绩。学生一级规定动作成绩的无差异性显示，二级规定成绩有差异性显示（$P=0.04<0.05$），分析原因，教学初期，学生对成套健身操的概念比较模糊，动作的学习脱离不了传统的模仿动作、死记硬背，来达到对成套操动作的记忆与实践；二级动作的学习在原有一级动作、基本动作、教学视频等支架概念的引导下，学生分组协作学习、练习、比赛，通过自我独立探索二级成套动作的学习，最终形成对二级成套动作的记忆与实践。由此得出结论：支架式教学模式在短时间内运用对规定操动作技术成绩的影响不明显，需要长时间的实践与运用，才能取得较好的教学实践效果（见表 4-1）。

表 4-1　成套规定动作成绩对比

| | 平均成绩 | N | 标准差 | 均值的标准差 | 差分的 95% 置信区间 | | t | P（双侧） |
| --- | --- | --- | --- | --- | --- | --- | --- | --- |
| | | | | | 下限 | 上限 | | |
| 对照班 | 75.6176 | 34 | 9.31280 | 1.59713 | | | | |
| 实验班 | 84.6471 | 34 | 6.70541 | 1.14997 | −12.98860 | −5.07022 | −4.640 | .004 |

（二）规定套路各评分因素成绩

健美操规定套路考核评分因素分别是准确性、流畅性、协调性、节奏性以及个人表现力，具体分值见表（见表 4-2）。实验结果显示，健美操支架式教学班学生规定套路分值、各因素分值均高于传统教学班。分析原因，传统教学班学生对成套健身操的概念比较模糊，动作的学习脱离不了传统的模仿动作、死记硬背，达到对成套操动作的记忆与实践；健美操支架式教学过程中教师给予学习基本动作、基本动作变化以及教学视频等支架概念，引导学生分组协作学习、练习、比赛，学生通过自我独立探索成套动作基本组合的学习，对"成套动作由基本组合构成、基本组合由基本动作构成"有了新的认知，在基本动作规范准确的基础上才能有更出色的个人表现，因此学生在动作的准确性、流畅性、协调性、节奏性以及个人表现力方面比传统教学更有优势。

表 4-2　规定套路各评分因素得分对比

| 总分（100%） | 准确性 40% | 流畅性 20% | 协调性 10% | 节奏性 20% | 个人表现力 10% |
|---|---|---|---|---|---|
| 传统教学 | 30.23 | 15.14 | 7.55 | 15.14 | 7.47 |
| 支架式教学 | 33.82 | 17.0 | 8.42 | 17.21 | 8.21 |

## 二、健美操组合创编成绩

32 拍自编组合是学生学习健美操创编的基础实践过程，根据 32 拍动作组合创编的方法与形式，学生依据创编要求独立进行创编 32 拍自编组合并进行表演考核。自编 32 拍组合要求 7 个以上基本步法，最少进行 2 种变化、上肢动作的变化至少 10 次、自然换脚动作，创编完成后编写教案并进行个人展示考核。

在支架式教学实证过程中对体育专业学生 32 拍自编组合成绩、成套健美操创编成绩、自编组合的步伐、上肢动作变化、自然换脚动作、个人表现力、教案等评分因素以及成套自编操的集体配合与个人展示等方面进行对比研究。

（一）学生组合创编成绩总分

32 拍自编组合是学生学习健美操创编的基础实践过程，根据 32 拍动作组合创编的方法与形式，学生依据创编要求独立进行创编 32 拍自编组合并进行表演考核。下表显示的是吕梁学院体育教育专业 2013 级对照班和实验班在 32 拍组合创编的实验对比成绩（见表 4-3）。在 32 拍组合创编考核中，实验班各项成绩的得分略高于对照班，学生 32 拍动作组合创编成绩差异性显著（$P=0.020<0.05$）。平均成绩反映出实验班整体学生在创编能力方面比对照班优秀，也可以从侧面反映出来学生的投入度更高，由此得出结论：学生 32 拍组合创编能力在健美操支架式教学模式下提升较快。

表 4-3　32 拍动作组合创编成绩对比

| | 平均成绩 | N | 标准差 | 均值的标准差 | 差分的95%置信区间 | | t | P（双侧） |
|---|---|---|---|---|---|---|---|---|
| | | | | | 下限 | 上限 | | |
| 对照班 | 74.2941 | 34 | 21.28241 | 3.64990 | | | | |
| 实验班 | 85.4412 | 34 | 13.50239 | 2.31564 | −20.39415 | −1.89997 | −2.453 | .020 |

（二）32 拍自编组合各评分因素成绩

健美操 32 拍自编组合是考核学生创编能力的其中一个教学考核任务，成套健美操的基本元素就是 32 拍动作组合。32 拍自编组合考核评分因素包含基本步法 4-7 个、上肢动作的变化 10 次以上、自然的换脚动作、个人组合展示以及 32 拍自编组合教案设计，具体分值见下表（见表 4-4）。实验结果显示，支架式教学模式下学生 32 拍自编组合成绩均分、各因素分值均高于传统教学班，尤其在表现自然换脚动作的运用上，传统教学班有 33.21% 的学生没有合理运用自然换脚动作，对 32 拍组合对称法的运用没有形成一定的认知，以至于在个人展示组合动作时表现得不是很流畅。支架式教学班学生只有 6.44% 的学生没有合理运用自然的换脚动作，93.56% 的学生对 32 拍组合动作的创编上组合对称运用较好，对自编组合的创编形成了深层次的认知。分析原因，健美操支架式教学过程中，教师在成套动作学习的基础上提出"如何创编 32 拍动作组合的问题情境"，引导学生独立思索，并在实践创编过程中不断为学生提供基本动作、基本动作的变化、自然换脚动作、组合对称法、基本动作节拍、创编方法等概念支架，积极引导学生进入独立探索阶段，学生通过观看录像、查阅图解，在独立完成组合创编的基础上分组协作，其他同学和教师给予一定的建议与指导，学生通过练习、整改最后完成考核，学生在整个创编过程中积极主动学习、探索，投入度高，在考核过程中也能更好地展示自我，对自己组合的展示更加熟练、流畅。由此，健美操支架式教学模式下学生 32 拍组合创编能力的提升更快。

表4-4 32拍自编组合各评分因素得分对比

| 总分<br>（100%） | 步伐 20% | 上肢动作变<br>化 20% | 自然换脚<br>20% | 个人表现<br>20% | 教案 20% |
|---|---|---|---|---|---|
| 传统教学 | 19.26 | 18.53 | 10.47 | 15.70 | 17.41 |
| 支架式教学 | 19.85 | 19.76 | 12.65 | 16.20 | 17.18 |

1. 基本步法及变化

健美操基本步法按照动作完成形式分为五大类：交替类、迈步类、点地类、抬腿类和双腿类，每一类型中包含有不同的基本步法，如交叉步；健美操基本动作的变化有五大类，如方向、次数、路线、节奏及高低冲击力变化。实验测定结果显示，学生基本都能达到编排要求，传统班学生基本步法的选择局限于某一类型，而实验班学生在基本步法应用类型比传统班学生更为丰富，91.18%的学生应用基本步法类型在3类以上，而传统班学生只占38.24%；在基本动作变化上，实验班学生变化比较丰富，有38.24%的学生能达到变化5次（见表4-5），而传统班学生仅仅达到创编要求2次，从实验测定结果可以看出，在支架式教学中，实验班学生学习主动性高，有独立探索意识和行为，在学习过程中，进一步激发了学生的创新意识与能力。

表4-5 基本步法应用对比

| | 1类 | 2类 | 3类 | 4类 | 5类 | 变化<br>2次 | 变化<br>3次 | 变化<br>4次 | 变化<br>5次 |
|---|---|---|---|---|---|---|---|---|---|
| 对照班 | 41.17% | 20.58% | 38.24% | 0 | 0 | 94.12% | 5.88% | 0 | 0 |
| 实验班 | 0 | 8.82% | 23.53% | 26.47% | 41.18% | 0 | 44.12% | 17.65% | 38.24% |

2. 上肢动作变化次数

32拍自编组合，要求学生运用上肢动作至少10个，1个10分，满分100分，实验测试结果显示，实验班有99%的学生达到了要求，而对照班有部分学生没有达到要求，从教学过程可以看出，支架式教学模式下学生能够养成积极主动的学习与探索，充分发挥想象力编排变化上肢动

作,上肢动作的衔接更加合理、丰富、流畅,充分体现了健美操上肢动作的多元化、灵活化,也进一步显示了健美操独特的创新优势,而对照班学生对于上肢动作的选择与应用明显局限于一类型动作(见表4-6),实验班学生平均成绩为98.82%,而对照班成绩为85.29%,健美操支架式教学成绩明显高于传统教学成绩,P=0.04<0.05,见表4-6,说明健美操支架式教学与传统教学存在显著性差异。

表4-6　上肢动作变化次数的对比

| | 平均成绩 | N | 标准差 | 均值的标准差 | 差分的95%置信区间 | | t | P（双侧） |
| | | | | | 下限 | 上限 | | |
|---|---|---|---|---|---|---|---|---|
| 对照班 | 85.2941 | 34 | 35.94906 | 6.16521 | | | | |
| 实验班 | 98.8235 | 34 | 5.37373 | 5.92159 | –.67686 | –.67686 | –2.142 | 0.040 |

### 3. 自然换脚动作的应用

32拍自编组合要求正反对称,在编排过程中需要自然换脚动作来完成由右脚动作到左脚动作的转换,来进行反方向动作,因此,自然换脚动作的应用在一个规范32拍组合里是至关重要的,如果应用不当就完成不了32拍组合的自编,正确应用自然换脚动作可以得分2分,如果没有得分0,如果应用了双腿类动作可以得1分。测试结果显示,支架式教学下,学生对自然换脚动作的应用比较恰当,55.89%的学生应用了自然换脚动作,14.71%的学生应用双腿类动作作为换脚动作。通过教师给予的一般创编理论概念支架,学生积极主动、自主探索、独立完成,对自然的换脚动作有了新的认识与建构,满足了健美操创编的要求,达到了学生健美操创编能力的培养。而传统教学下只有44.11%的学生应用了换脚动作,55.89%的学生没有应用换脚动作,没有完成组合正反对称,健美操支架式教学平均成绩为70.59,明显高于对照班(见表4-7),P=0.37<0.05,说明健美操支架式教学与传统教学显著性差异。

表 4-7　自然换脚动作的对比

| | 平均成绩 | N | 标准差 | 均值的标准差 | 差分的95%置信区间 | | t | P（双侧） |
| --- | --- | --- | --- | --- | --- | --- | --- | --- |
| | | | | | 下限 | 上限 | | |
| 对照班 | 44.1176 | 34 | 50.39947 | 8.64344 | | | | |
| 实验班 | 70.5882 | 34 | 46.24973 | 7.93176 | −51.23051 | −1.71066 | −2.175 | .037 |

（三）个人展示自编组合

学生通过个人展示 32 拍自编组合，教师来进行测评学生的完成情况、熟练度、准确度、表现力。测试结果显示，在个人展示环节，实验班学生比对照班学生对自编组合更加熟练、动作更加准确规范，能更好地完成自编组合正反对称，在完成组合过程中表现得比对照班学生更自信，更富有激情，能充分表现个人风格。测试结果显示，实验班学生平均成绩 70.58 高于对照班 62.79，P=0.10<0.05（见表 4-8），说明健美操支架式教学与传统教学差异显著，学生更加积极主动，自我展示更加完美、自信，健美操支架式教学比传统教学更能提升学生自我表现能力。

表 4-8　32 组合个人表现的对比

| | 平均成绩 | N | 标准差 | 均值的标准差 | 差分的95%置信区间 | | t | P（双侧） |
| --- | --- | --- | --- | --- | --- | --- | --- | --- |
| | | | | | 下限 | 上限 | | |
| 对照班 | 62.7941 | 34 | 23.32872 | 4.00084 | | | | |
| 实验班 | 70.58 | 34 | 19.85689 | 3.40543 | −25.87398 | −3.83190 | −2.742 | .010 |

（四）32 拍组合教案编写

32 拍自编组合要求学生书写标准格式的教案，结果显示，实验班学生的教案平均成绩 85.88 低于传统班 87.06，P=0.573>0.05（见表 4-9），说明两种教学模式在 32 拍教案编写方面没有差异性，但是从成绩可以看出，传统教学下学生对规范的教案格式应用得比较好，在专业术语应用方面比支架式教学班更加规范、准确，因此，传统教学更有利于培养学生传统的规范能力。

表 4-9　32 拍组合教案编写的对比

| | 平均成绩 | N | 标准差 | 均值的标准差 | 差分的 95% 置信区间 | | t | P（双侧） |
|---|---|---|---|---|---|---|---|---|
| | | | | | 下限 | 上限 | | |
| 对照班 | 87.0588 | 34 | 10.45319 | 1.79271 | | | | |
| 实验班 | 85.8824 | 34 | 9.33149 | 1.60034 | -3.03291 | 5.38585 | .569 | .573 |

### 三、健美操成套自编操创编成绩

（一）学生成套自编操创编成绩总分

在规定相同的时间内，学生自由分组进行 3-6 人成套健身操创编，在编排动作中，不仅要考虑到对身体各个部位的影响与力量、柔韧、协调、灵敏以及持久力等各种素质的练习，还要考虑到队形变换次数、开始结束造型以及组合创编与整合；在测试中不仅要考核集体动作的整齐度，还要考核学生个人的表现力。实验结果显示，在 3-6 人的成套自编操考核中，在集体表现和个人表现上实验班学生都明显比对照班学生整齐统一、规范流畅、自然大方。从下表可以看出（见表 4-10），实验班的平均成绩高于对照班，支架式教学模式与传统教学模式差异性显著（P=0.012<0.05），由此得出结论：支架式教学模式对学生成套自编操的创编能力具有更大的提升作用。

表 4-10　成套自编操创编成绩对比

| | 平均成绩 | N | 标准差 | 均值的标准差 | 差分的 95% 置信区间 | | t | P（双侧） |
|---|---|---|---|---|---|---|---|---|
| | | | | | 下限 | 上限 | | |
| 对照班 | 83.2059 | 34 | 2.26675 | .38874 | | | | |
| 实验班 | 83.3824 | 34 | 2.03030 | .34819 | .04146 | .31148 | 2.659 | .012 |

（二）成套自编操集体配合与个人展示成绩

学生自由分组共同完成 3-6 人成套健身操创编，在前期 32 拍组合创编的基础上，学生对成套自编操的创编基本能达到创编要求：开始和结束造型、规定次数的队形变化，但是支架式教学班学生创编成果相对于传统教学更有创新。在考核过程中不仅要考核集体动作的整齐度，还要考核学生个人的表现力。实验结果显示，在3-6人的成套自编操考核中，支架式教学班学生的集体表现分值和个人表现分值高于传统教学班学生（见表4-11），学生在考核表演中集体展示整齐统一、规范流畅、自然大方，个人展示较有激情，能更完美地展示独具特色的自编操。分析原因可知，健美操支架式教学过程中，学生是主体，教师是指导，教师为学生提供创编的情境与概念支架，引导学生积极探索、自由分组，小组成员之间互帮互助，人人为成套操的创编充分发挥自己的想象力、创造力，完成小组成员组合的创编，同伴之间给予一定的效果反馈与建议，共同商讨完成成套健美操的创编，经过不断练习、修改、定稿、练习到最后集体完成考核，每一个过程都需要小组成员之间的协作与配合。由此，支架式教学模式对学生成套自编操的创编能力的提升更有效果。

表 4-11 成套自编操集体配合与个人展示得分对比

| 总分（100%） | 集体配合80% | 个人表现力20% |
| --- | --- | --- |
| 传统教学模式 | 63.38 | 13.23 |
| 支架式教学模式 | 71.12 | 15.45 |

（三）成套自编操集体表现成绩

成套自编操由3-6人自由组合，分组完成，每个学生都参与成套自编操的创编，并通过集体表演展示来进行测评考核，教师根据小组集体完成动作的一致性、整齐性、准确性、规范性进行评分。在教学过程中发现，支架式教学班学生比传统班学生更加积极主动，课后自主练习多于对照班，小组成员之间配合更加默契，学生积极主动参与创编与评选，每个学生创编一个组合，通过小组评选决定成套操所有组合，通过协商、协作完成成套操创编；而传统教学班学生往往把成套自编操的创编交给某个学生去完成，其他人只是被动地学习、模仿与练习，小组练习时间相对少，没有充分发挥每个学生的创造能力，学生练习相对消极。结果显示实验班平均成绩高于对照班，$P=0.12<0.05$（见表4-12），说明健美操支架式教学在培养学生集体协作能力方面优于传统教学。同时，在考核过程中，可以看出支架式教学学生在开始造型、结束造型与队形变化方面明显比传统教学班更有创新，造型更加新颖，队形变化更加合

理流畅,更能凸显动作的整齐统一、规范准确。

表 4-12　成套自编操集体表现对比

| | 平均成绩 | N | 标准差 | 均值的标准差 | 差分的 95% 置信区间 | | t | P（双侧） |
| --- | --- | --- | --- | --- | --- | --- | --- | --- |
| | | | | | 下限 | 上限 | | |
| 对照班 | 82.7941 | 34 | .38874 | | | | | |
| 实验班 | 83.5000 | 34 | .34819 | | .04146 | .31148 | 2.659 | .012 |

### 四、健美操教学能力

（一）学生教学能力测试成绩总分

学生教学能力测试包括 5 分钟带操和 32 拍动作组合教学两个部分。按照教学计划与进度,在教师前期带操和组合教学的示范下,学生通过观摩与观看教学视频,对健美操音乐的运用、健美操教学方法和教学过程有了一定的理解与把握,课后经过健美操示范、语言提示、手势提示、口令提示的自主探索与练习,进行了课堂中健美操 5 分钟带操教学好和 32 拍组合教学的考核。从整体成绩来看(见表 4-13),支架式教学模式与传统教学模式差异显著( P=0.024<0.05 ),实验班的平均成绩显然高于对照班的平均成绩。支架式教学模式下学生健美操教学能力测试比传统教学模式要高,由此得出结论:支架式教学模式在培养学生教学能力方面比传统教学模式具有一定的优势。

表 4-13　教学能力测试成绩对比

| | 平均成绩 | N | 标准差 | 均值的标准差 | 差分的 95% 置信区间 | | t | P（双侧） |
| --- | --- | --- | --- | --- | --- | --- | --- | --- |
| | | | | | 下限 | 上限 | | |
| 对照班 | 68.0882 | 34 | 12.00850 | 2.05944 | | | | |
| 实验班 | 76.4706 | 34 | 7.78201 | 1.33460 | −13.10046 | −3.66424 | −3.615 | .024 |

（二）健美操教学能力测试成绩对比

健美操组合教学是考核学生在教学过程中对音乐、手势提示、语言提示以及健美操教学方法的运用情况。实验结果显示,健美操支架式教学班学生总分值与各因素分子均高于传统教学班学生(见表 4-14)。健美操支架式教学过程中,教师在健美操组合教学实习阶段为学生提供健美操教学方法、教学技巧、教学示范、教学提示、教学实践影像等概念支架,学生通过课后自主学习、观看、实习独立探索健美操组合教学技巧,通过小组成员之间的配合与教学效果反馈,对健美操教学形成了新的概念支架,教学能力有了更大的提升。

表 4-14　教学能力各评分因素得分对比

| 总分(100%) | 音乐的运用 40% | 手势提示 20% | 语言提示 20% | 教学方法 20% |
| --- | --- | --- | --- | --- |
| 传统教学模式 | 31.23 | 14.23 | 11.88 | 13.79 |
| 支架式教学模式 | 32.18 | 14.56 | 15.82 | 13.91 |

(三)支架式教学对学生实践能力的影响

学生健美操实践能力测试成绩包括创编成绩、教学能力测试成绩。实验结果显示,学生健美操实践成绩考核中支架式教学平均成绩高于传统教学成绩,支架式教学比传统教学更有优势,在不同教学模式设计下学生健美操实践成绩差异显著($P=0.020<0.05$)(见表 4-15)。支架式教学班学生创编构思复杂新颖、顺畅流利、合理自然,教态自然大方,语言准确流利,步骤条理有序,口令清晰到位,在整个支架式教学过程中,学生经过独立思考、自主学习的摸索过程,对动作概念把握得更精确,对错误动作的发现与纠正上更到位,对教学方法的掌握更准确,对音乐与教学提示的运用更得心应手,学生实践能力得到了更大进步。

表 4-15　学生实践能力成绩比较

| | 平均成绩 | N | 标准差 | 均值的标准差 | 差分的95%置信区间 | | t | P(双侧) |
| --- | --- | --- | --- | --- | --- | --- | --- | --- |
| | | | | | 下限 | 上限 | | |
| 对照班 | 80.8353 | 34 | 21.28241 | 3.64990 | | | | |
| 实验班 | 82.4735 | 34 | 13.50239 | 2.31564 | .04146 | .31148 | 2.659 | .020 |

### 五、学生非智力因素提升

在支架式教学实证过程中对体育专业学生在健美操学习兴趣、学生自主学习能力、学生协作能力等方面的提升情况进行了对比研究。

（一）健美操学习兴趣、自主学习能力、协作能力对比分析

对吕梁学院体育教育专业 2013 级健美操普修课实验班和对照班的学生进行问卷的发放，当场发放，当场回收。问卷的内容包括学生对上健美操课学习兴趣的提高、自主学习能力的提高、协作能力的提高三方面的认可度。调查结果显示，健美操支架式教学在提高学生学习兴趣、自主学习能力、协作能力方面明显优于传统教学（见表 4-16）。分析原因可以看到，在健美操支架式教学过程中，教师采用独立探索、分组练习、协作反馈、教师与学生共同参与成绩评价等教学设计，明显培养和激发了学生对健美操的学习兴趣，学生有一定的自主探索学习时间，在前期概念支架的基础上通过自主探索、独立思考、自主实践、反复练习与修改，最终形成新的概念支架，形成对健美操创编、健美操教学实践更深层次知识体系的建构，最终达到健美操创编能力与教学能力的培养与提升。

表 4-16　健美操学习兴趣、自主学习能力、协作能力认知对比

| 总分（100%） | 学习兴趣 | 自主学习能力 | 协作能力 |
|---|---|---|---|
| 传统教学 | 67.941 | 62.794 | 64.176 |
| 支架式教学 | 75.586 | 77.647 | 72.673 |

（二）学生健美操学习兴趣的对比研究

健美操支架式教学环节采用教师引导，学生独立探索、自主学习、主动建构，在轻松和谐的学习氛围中学生没有被动学习环节，只有积极的情境体验与实践过程，不仅激发了学生的学习主动性，更进一步激发了学生的健美操学习兴趣。调查结果显示，在学生学习兴趣提高方面，实验班学生比对照班学生认同度高，支架式教学模式与传统教学模式差异显著（P=0.031<0.05）（见表 4-17），因此，支架式教学模式更有利于培

养和提升学生学习健美操的兴趣。分析原因可知,在整个支架式教学过程中,每一个教学环节教师都会给予学生个体一定的独立探索、自主学习时间,学习过程时刻关注学生的学习情绪,为学生营造轻松和谐的学习氛围,创造新的、个性的、自主的、教学体验情境,引导学生积极观摩与模仿教师动作、自主探索、独立思考、深入投入,让学生对健美操教学有全新的认知,激发学生对健美操的学习探求的需求,培养和提升了学生的学习兴趣。

表 4-17　学生健美操学习兴趣比较

| | 平均成绩 | N | 标准差 | 均值的标准差 | 差分的 95% 置信区间 | | t | P（双侧） |
| | | | | | 下限 | 上限 | | |
|---|---|---|---|---|---|---|---|---|
| 对照班 | 67.9412 | 34 | 13.82343 | 2.37070 | | | | |
| 实验班 | 75.5882 | 34 | 13.07117 | 2.24169 | −12.84858 | −5.09260 | −4.706 | .000 |

### （三）学生自主学习能力的对比研究

在健美操支架式教学过程中,教师有意识引导学生独立探索、自主学习,学生通过一定阶段的观摩与模仿,自主探索、独立思考、自主实践、反复练习、修改,最终形成新的健美操创编、健美操教学知识与能力体系建构,达到健美操创编能力与教学能力的培养与提升。调查结果显示,在学生自主学习能力提高方面,实验班学生比对照组学生认同度高,支架式教学模式与传统教学模式差异性显著($P=0.022<0.05$)（见表 4-18）,因此,支架式教学更有利于培养和提高学生的自主学习能力。分析原因可知,在整个支架式教学过程中,每一个教学环节教师都会给予学生个体一定的自主探索学习时间,学生通过对教师教学动作的观摩与模仿,在前期健美操基础概念支架的基础上自主探索、独立思考,经过一段时间的自主实践与反复练习、修改,最终达到健美操新概念支架的认知,形成对健美操创编、教学实习过程中独有的、新的知识体系的建构,进一步促使学生进行独立探索、自主学习健美操新的技能,培养和提高学生的自主学习能力。

表 4-18　学生自主学习能力对比

| | 平均成绩 | N | 标准差 | 均值的标准差 | 差分的95% 置信区间 | | t | P（双侧） |
|---|---|---|---|---|---|---|---|---|
| | | | | | 下限 | 上限 | | |
| 对照班 | 62.7941 | 34 | 23.32872 | 4.00084 | | | | |
| 实验班 | 77.6471 | 34 | 19.85689 | 3.40543 | -25.87398 | -3.83190 | -2.742 | .022 |

（四）学生协作能力的对比研究

健美操支架式教学环节采用分组教学、分组练习、分组创编等实验过程,让学生通过自由分组、协作学习,培养彼此之间的合作能力。通过组员之间的评价与建议的提出,不仅提高了学生健美操的实践能力,而且使学生对分组合作有了新的认知,更进一步培养和提高了学生的合作能力。调查结果显示,在学生协作能力提高方面,实验班学生比对照班学生认同度高,支架式教学模式与传统教学模式差异显著（P=0.017<0.05）（见表4-19）,因此,支架式教学更有利于培养和提高学生的协作能力。分析原因可知,健美操支架式教学的每一个教学环节都采用分组教学、分组练习、分组创编等实验部分,学生在自由分组、协作学习过程中,体验了同学之间的合作学习模式,培养了学生个体的合作能力;在学习过程中通过组员之间的评价与建议,不仅能提高学生的健美操实践能力,而且促使学生对分组、协作教学有了新的认知,更进一步促进了学生合作能力的提高。

表 4-19　学生协作能力对比

| | 平均成绩 | N | 标准差 | 均值的标准差 | 差分的95% 置信区间 | | t | P（双侧） |
|---|---|---|---|---|---|---|---|---|
| | | | | | 下限 | 上限 | | |
| 对照班 | 64.1176 | 34 | 19.40285 | 3.32756 | | | | |
| 实验班 | 72.7941 | 34 | 15.28473 | 2.62131 | -10.92660 | -3.77928 | -4.186 | .017 |

# 第五节 健美操支架式教学实证研究结论

将支架式教学模式应用于高校体育专业健美操教学中,采用实验法、数理统计法、对比分析法研究健美操支架式教学。与传统教学模式相比较,学生在 32 拍动作组合创编和成套健美操创编方面得到了大大的提升,支架式教学模式更有利于学生健美操创编能力的培养。

## 一、高校体育专业健美操支架式教学模式具有可行性

高校体育专业健美操支架式教学模式具有可行性,健美操支架式教学模式比传统教学模式更加科学化、多元化、合理化,在学生成套动作学习、组合与成套创编、教学实践能力方面有一定的教学效果。

### (一)支架式教学模式使健美操教学更加科学合理

支架式教学模式由搭脚手架、进入情境、独立探索、协作学习和效果评价五个环节组成,使健美操教学更加科学、合理,应用于高校专业健美操教学中有一定的教学效果,对学生的创编能力、教学能力、学习兴趣、自主学习能力、协作能力的提升有一定的积极作用。

### (二)健美操支架式教学能更好地发挥教师的主导作用

支架式教学模式下健美操教学能更好地发挥教师的主导作用,体现学生的主体地位,营造和谐、融洽的教学氛围,不仅能突出教师的主导作用,而且还能激发学生的积极性,促进学生快速进入教学情境,积极主动学习建构、独立探索、分组合作、自主评价,进而达到良好的教学效果。

## 二、支架式教学模式有利于提高高校健美操教学效果

支架式教学过程中教师的教学思路更准确、教学方法更具体、教学步骤更清晰；学生学习态度更主动、实践能力更强；学习氛围更加轻松和谐，从而使学生有了更积极的情绪体验，形成了更高层次的健美操知识建构，获得了更好的教学效果。

### （一）支架式教学模式有利于学生健美操实践能力的提高

学生32拍组合创编能力在健美操支架式教学模式下提升较快；支架式教学模式对学生成套自编操的创编能力具有提升作用；支架式教学模式在培养学生教学能力方面和传统教学相比具有一定的优势。

### （二）支架式教学模式有利于学生非智力因素方面的提升

支架式教学模式有利于学生健美操学习兴趣、自主学习能力、协作能力的提升。在支架式教学模式下进行健美操教学，学生对健美操教学有了全新的认知，激发和培养了学生的健美操学习兴趣，进一步促使学生进行独立探索、自主学习健美操新的技能，培养和提高了学生的自主学习能力；通过分组学习、分组交流、分组评价的分组教学，培养了学生的团队意识，提高了学生的协作能力。

## 三、支架式教学模式对教师提出了更高的要求

### （一）支架式教学模式要求教师要建立以学生为主体的教学理念

支架式教学模式下健美操教学对高校健美操教师的教学能力提出了更高的要求，所以教师要建立以学生为主体的教学理念，积极引导学生自主探索、自主建构、自主提升。

### （二）支架式教学模式的应用需要教师不断提升自身素养

应用支架式教学模式的教师需要不断提升自身素养，时刻了解学

生的心理状况和学习水平,及时引导学生积极建构新的知识体系,在教学实施过程中精心设计教学内容,合理调动各种有效资源,严格控制教学过程,重新整合高校体育专业健美操教学内容、教学方法与教学过程。

## 四、总结

支架式教学模式由搭脚手架、进入情境、独立探索、协作学习和效果评价五个环节组成,使健美操教学更加科学、合理,在高校健美操教学中的可行性较高。支架式教学模式能促进学生动作技能的掌握,在健美操课中引导学生积极主动投入健美操教学实践过程,不断积累经验、形成对健美操实践能力新的认知与建构,促使学生的健美操实践能力得到实质性的提高。将支架式教学模式应用于高校健美操教学,能够科学、合理地整合高校健美操的教学,将有利于充分发挥学生的积极主动性、激发学生的创新意识、提高学生的创新能力,对学生健美操创编能力的提升有一定的积极作用,培养了学生独立自信、集体协作、自主学习等能力;能够更好地发挥教师的主导作用,同时对高校健美操教师的教学能力提出了更高的要求。因此,可以将支架式教学模式拓展应用于大学体育其他项目中,这将会更加凸显学生在教学实践过程中的自主性、积极性,进一步培养和提升学生的团队协作能力、自主学习能力,从而促进学生的全面发展。

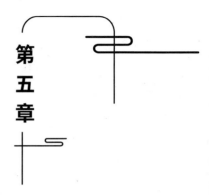

# 第五章

## 健美操实践

  在建构主义理论指导下,构建健美操支架式教学模式并运用于体育教育专业健美操专项理论与实践课程教学中,在教师的指导下,学生积极自主探索、创新,完成了成套健身操的创编,形成了线上、线下混合一流课程——健美操课程的教学成果。现选编六套成套校园规范健身操作为以后健美操课程参考、学习与实践的教学套路,也可作为大众健身锻炼的推广套路,为健美操爱好者的健身与锻炼提供参考。校园规范健身操共有六级套路,每级套路包含四个组合,能够为学生学习健美操提供有效指导。

# 第一节　校园规范健身操一级套路

## 一、第一个组合

### 第一个八拍

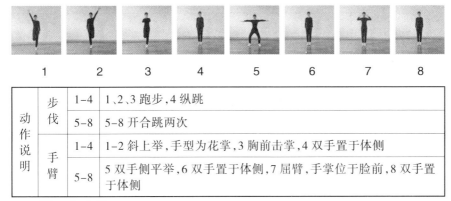

| 动作说明 | 步伐 | 1-4 | 1、2、3 跑步,4 纵跳 |
| | | 5-8 | 5-8 开合跳两次 |
| | 手臂 | 1-4 | 1-2 斜上举,手型为花掌,3 胸前击掌,4 双手置于体侧 |
| | | 5-8 | 5 双手侧平举,6 双手置于体侧,7 屈臂,手掌位于脸前,8 双手置于体侧 |

### 第二个八拍

| 动作说明 | 步伐 | 1-4 | 1-2 后交叉,3 开立,4 并拢 |
| | | 5-8 | 5 前后开立,6 左右开立,7 前后开立,8 并拢 |
| | 手臂 | 1-4 | 1-2 前平举叠腕,3 双手扶于肩,4 双手置于体侧 |
| | | 5-8 | 5-6 前平举叠腕,7 双手扶于肩,8 双手置于体侧 |

### 第三个八拍

| 动作说明 | 步伐 | 1–4 | 1–2 恰恰，3–4 纵跳 |
|---|---|---|---|
| | | 5–8 | 5–6 纵跳，7–8 脚开立纵跳 |
| | 手臂 | 1–4 | 1–2 上举，掌心向上，3–4 直臂握拳交叉于体前 |
| | | 5–8 | 5–6 直臂握拳交叉于头上，7–8 侧下举 |

### 第四个八拍

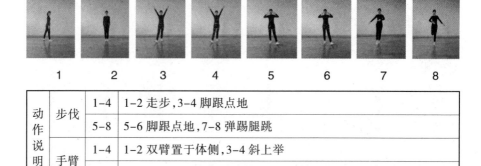

1    2    3    4    5    6    7    8

| 动作说明 | 步伐 | 1–4 | 1–2 走步，3–4 脚跟点地 |
|---|---|---|---|
| | | 5–8 | 5–6 脚跟点地，7–8 弹踢腿跳 |
| | 手臂 | 1–4 | 1–2 双臂置于体侧，3–4 斜上举 |
| | | 5–8 | 5–6 屈臂，手掌置于脸前，7–8 斜下举 |

第五至八个八拍同第一至四个八拍，动作相同，方向相反。

## 二、第二个组合

### 第一个八拍

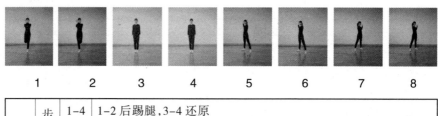

1    2    3    4    5    6    7    8

| 动作说明 | 步伐 | 1–4 | 1–2 后踢腿，3–4 还原 |
|---|---|---|---|
| | | 5–8 | 5–8 后恰恰 |
| | 手臂 | 1–4 | 1–2 双臂胸前交叉，3–4 双臂置于体侧 |
| | | 5–8 | 5–6 右臂异侧斜下举握拳，左臂屈臂握拳位于胸前，7–8 左臂异侧斜下举握拳，右臂屈臂握拳位于胸前 |

## 第二个八拍

| | | | |
|---|---|---|---|
| 1 | 2 | 3 | 4 |

| 5 | 6 | 7 | 8 |

| 动作说明 | 步伐 | 1-4 | 开合跳 |
|---|---|---|---|
| | | 5-8 | V 字步 |
| | 手臂 | 1-4 | 1-2 侧平举，双手握拳，3-4 双臂位于体侧 |
| | | 5-8 | 5-7 斜上举，8 双臂置于体侧 |

## 第三个八拍

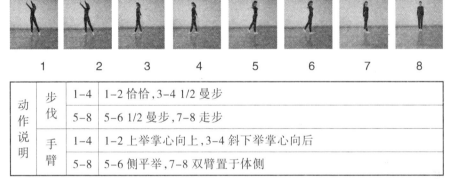

| | | | |
|---|---|---|---|
| 1 | 2 | 3 | 4 |

| 5 | 6 | 7 | 8 |

| 动作说明 | 步伐 | 1-4 | 1-2 恰恰，3-4 1/2 曼步 |
|---|---|---|---|
| | | 5-8 | 5-6 1/2 曼步，7-8 走步 |
| | 手臂 | 1-4 | 1-2 上举掌心向上，3-4 斜下举掌心向后 |
| | | 5-8 | 5-6 侧平举，7-8 双臂置于体侧 |

## 第四个八拍

| | | | |
|---|---|---|---|
| 1 | 2 | 3 | 4 |

| 5 | 6 | 7 | 8 |

| 动作说明 | 步伐 | 1-4 | 1-2 倒 V，3-4 弓步跳 |
|---|---|---|---|
| | | 5-8 | 十字步 |
| | 手臂 | 1-4 | 1-2 斜下举，3 双臂上冲拳，4 双臂位于体侧 |
| | | 5-8 | 5、7 左臂屈臂置于脸前，右臂斜上举摆动，6 右臂屈臂置于脸前，左臂斜上举摆动，8 双臂置于体侧 |

第五至八个八拍同第一至四个八拍，动作相同，方向相反。

三、第三个组合

第一个八拍

1　2　3　4　5　6　7　8

| 动作说明 | 步伐 | 1-4 | 并步两次 |
|---|---|---|---|
| | | 5-8 | 后交叉 |
| | 手臂 | 1-4 | 1右臂上举,左臂置于体侧,3左臂上举,右臂置于体侧,2、4双臂胸前交叠 |
| | | 5-8 | 5、7右臂屈臂握拳,左臂叉腰,6右臂侧下举,左臂叉腰,8双臂置于体侧 |

第二个八拍

1　2　3　4　5　6　7　8

| 动作说明 | 步伐 | 1-4 | 1-4原地弹动 |
|---|---|---|---|
| | | 5-8 | 5-6屈膝向下弹动,7-8原地纵跳 |
| | 手臂 | 1-4 | 双臂从下到上依次上举 |
| | | 5-8 | 5-6双臂向下冲拳,7双臂肩侧上屈肘,8双臂置于体侧 |

第三个八拍

1　2　3　4　5　6　7　8

| 动作说明 | 步伐 | 1-4 | 原地纵跳 |
|---|---|---|---|
| | | 5-8 | 曼步 |
| | 手臂 | 1-4 | 双臂肩侧上屈肘 |
| | | 5-8 | 双臂屈臂交叉置于胸前 |

### 第四个八拍

1　　2　　3　　4　　5　　6　　7　　8

| 动作说明 | 步伐 | 1-4 | 1-2 1/2 曼步,3-4 走步 |
|---|---|---|---|
| | | 5-8 | 5-6 1/2 曼步,7-8 走步 |
| | 手臂 | 1-4 | 1 上举,2 斜下举,3-4 双臂置于体侧 |
| | | 5-8 | 5-6 前平举,掌心向前,7-8 双臂置于体侧 |

第五至八个八拍同第一至四个八拍,动作相同,方向相反。

### 四、第四个组合

### 第一个八拍

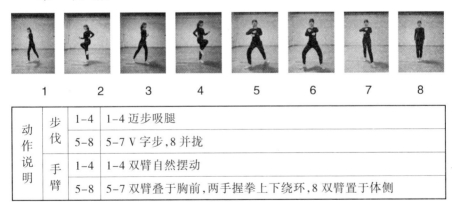

1　　2　　3　　4　　5　　6　　7　　8

| 动作说明 | 步伐 | 1-4 | 1-4 迈步吸腿 |
|---|---|---|---|
| | | 5-8 | 5-7 V 字步,8 并拢 |
| | 手臂 | 1-4 | 1-4 双臂自然摆动 |
| | | 5-8 | 5-7 双臂叠于胸前,两手握拳上下绕环,8 双臂置于体侧 |

第二个八拍

1　　2　　3　　4　　5　　6　　7　　8

| 动作说明 | 步伐 | 1-4 | 1-2 原地跳开，3-4 转体 180° |
|---|---|---|---|
| | | 5-8 | 原地弹动 |
| | 手臂 | 1-4 | 1-2 双臂前平举，掌心向前，3-4 双臂置于体侧 |
| | | 5-8 | 5-6 左臂屈臂 90° 肩上平屈、右臂前平举，7-8 右臂屈臂 90° 肩上平屈、左臂前平举 |

第三个八拍

1　　2　　3　　4　　5　　6　　7　　8

| 动作说明 | 步伐 | 1-4 | 走步 |
|---|---|---|---|
| | | 5-8 | 5-6 抬腿跳，7-8 顶胯 |
| | 手臂 | 1-4 | 双臂置于体侧 |
| | | 5-8 | 5 双臂直臂交叉置于头顶，6 侧平举，7-8 右臂前平举，花掌摆动两次，左手叉腰 |

第四个八拍

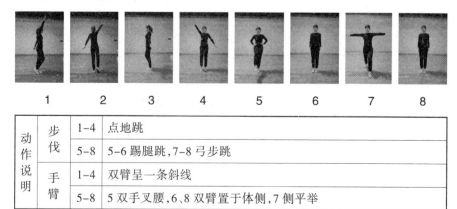

1　　2　　3　　4　　5　　6　　7　　8

| 动作说明 | 步伐 | 1-4 | 点地跳 |
|---|---|---|---|
| | | 5-8 | 5-6 踢腿跳，7-8 弓步跳 |
| | 手臂 | 1-4 | 双臂呈一条斜线 |
| | | 5-8 | 5 双手叉腰，6、8 双臂置于体侧，7 侧平举 |

第五至八个八拍同第一至四个八拍，动作相同，方向相反。

# 第二节　校园规范健身操二级套路

## 一、第一个组合

### 第一个八拍

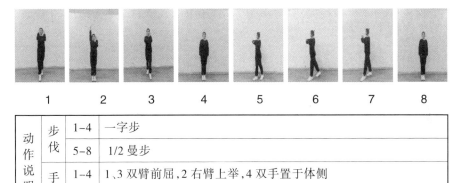

| 动作说明 | 步伐 | 1-4 | 一字步 |
|---|---|---|---|
| | | 5-8 | 1/2 曼步 |
| | 手臂 | 1-4 | 1、3 双臂前屈，2 右臂上举，4 双手置于体侧 |
| | | 5-8 | 5-6 胸前平屈，7 击掌，8 双手置于体侧 |

### 第二个八拍

| 动作说明 | 步伐 | 1-4 | 顶左胯走步 |
|---|---|---|---|
| | | 5-8 | 5、7 双脚开立与肩同宽，6 左腿后屈，8 右腿后屈 |
| | 手臂 | 1-4 | 右臂胸前平屈，左臂叉腰 |
| | | 5-8 | 5、7 侧平举，6、8 向下击掌 |

第三个八拍

1 2 3 4 5 6 7 8

| 动作说明 | 步伐 | 1-4 | V字步转体 |
| --- | --- | --- | --- |
| | | 5-8 | 走步转体 |
| | 手臂 | 1-4 | 1左手向上屈臂,右手平屈,2双臂平屈,3斜上举,4双手置于体侧 |
| | | 5-8 | 5、7双臂前举,6、8双臂收于腰间 |

第四个八拍

1 2 3 4 5 6 7 8

| 动作说明 | 步伐 | 1-4 | 左右恰恰 |
| --- | --- | --- | --- |
| | | 5-8 | 开合跳 |
| | 手臂 | 1-4 | 一手呈90°握拳,另一手叉腰 |
| | | 5-8 | 5-6双手放于脑后,7-8双臂收于体侧 |

第五至八个八拍同第一至四个八拍,动作相同,方向相反。

二、第二个组合

第一个八拍

1 2 3 4 5 6 7 8

| 动作说明 | 步伐 | 1-4 | 向前跑步 |
|---|---|---|---|
| | | 5-8 | 开合跳 |
| | 手臂 | 1-4 | 双臂胸前转动 |
| | | 5-8 | 5 双臂斜上举,6 胸前屈臂,7 双臂向右斜下举,8 双臂置于体侧 |

### 第二个八拍

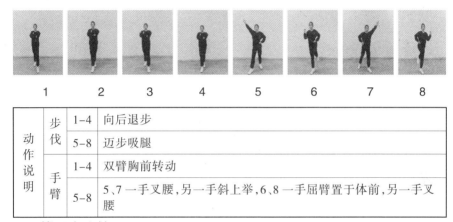

1  2  3  4  5  6  7  8

| 动作说明 | 步伐 | 1-4 | 向后退步 |
|---|---|---|---|
| | | 5-8 | 迈步吸腿 |
| | 手臂 | 1-4 | 双臂胸前转动 |
| | | 5-8 | 5、7 一手叉腰,另一手斜上举,6、8 一手屈臂置于体前,另一手叉腰 |

### 第三个八拍

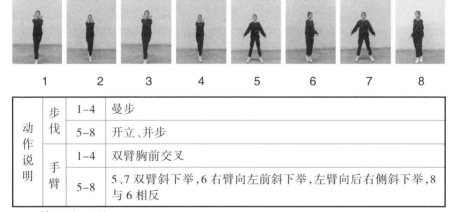

1  2  3  4  5  6  7  8

| 动作说明 | 步伐 | 1-4 | 曼步 |
|---|---|---|---|
| | | 5-8 | 开立、并步 |
| | 手臂 | 1-4 | 双臂胸前交叉 |
| | | 5-8 | 5、7 双臂斜下举,6 右臂向左前斜下举,左臂向后右侧斜下举,8 与 6 相反 |

### 第四个八拍

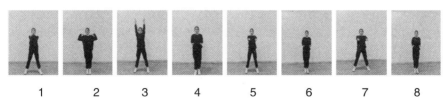

1  2  3  4  5  6  7  8

| 动作说明 | 步伐 | 1–4 | 开立、并步 |
|---|---|---|---|
| | | 5–8 | 开立、并步 |
| | 手臂 | 1–4 | 1 胸前交叉,手扶于双肩,2 手侧平举,扶于同侧肩膀,3 上举,4 收于腰间 |
| | | 5–8 | 5、7 前举,6、8 收于腰间 |

第五至八个八拍同第一至四个八拍,动作相同,方向相反。

## 三、第三个组合

第一个八拍

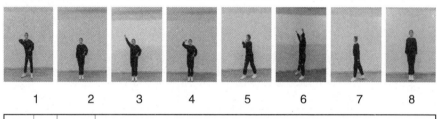

1　　　2　　　3　　　4　　　5　　　6　　　7　　　8

| 动作说明 | 步伐 | 1–4 | 顶髋走 |
|---|---|---|---|
| | | 5–8 | 5、7 斜 45°  1/2 曼步 6 跳步,右脚点地,8 还原 |
| | 手臂 | 1–4 | 1 右臂胸前平屈、左臂叉腰,2 右臂置于体侧,左臂叉腰,3–4 右臂斜 45° 方向锤两次 |
| | | 5–8 | 5 胸前交叉,6 斜上举,7–8 双臂置于体侧 |

第二个八拍

1　　　2　　　3　　　4　　　5　　　6　　　7　　　8

| 动作说明 | 步伐 | 1–4 | 迈步吸腿 |
|---|---|---|---|
| | | 5–8 | 5 双脚与肩同宽,6–8 左脚不动,右脚 360° 原地转一圈后并拢 |
| | 手臂 | 1–4 | 双臂自然摆动 |
| | | 5–8 | 5 双臂置于体侧,6–7 左臂斜下举,右臂斜上举,8 双臂置于体侧 |

第三个八拍

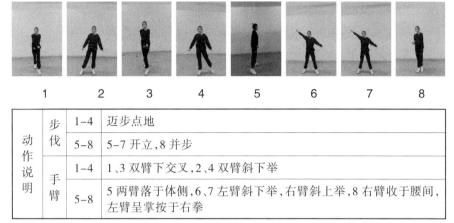

| | 1 | 2 | 3 | 4 | 5 | 6 | 7 | 8 |

| 动作说明 | 步伐 | 1-4 | 迈步点地 |
|---|---|---|---|
| | | 5-8 | 5-7开立,8并步 |
| | 手臂 | 1-4 | 1、3双臂下交叉,2、4双臂斜下举 |
| | | 5-8 | 5两臂落于体侧,6、7左臂斜下举,右臂斜上举,8右臂收于腰间,左臂呈掌按于右拳 |

第四个八拍

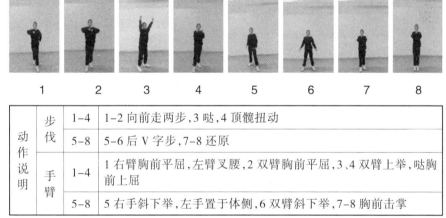

| | 1 | 2 | 3 | 4 | 5 | 6 | 7 | 8 |

| 动作说明 | 步伐 | 1-4 | 1-2向前走两步,3哒,4顶髋扭动 |
|---|---|---|---|
| | | 5-8 | 5-6后V字步,7-8还原 |
| | 手臂 | 1-4 | 1右臂胸前平屈,左臂叉腰,2双臂胸前平屈,3、4双臂上举,哒胸前上屈 |
| | | 5-8 | 5右手斜下举,左手置于体侧,6双臂斜下举,7-8胸前击掌 |

第五至八个八拍同第一至四个八拍,动作相同,方向相反。

## 四、第四个组合

第一个八拍

| | 1 | 2 | 3 | 4 | 5 | 6 | 7 | 8 |

| 动作说明 | 步伐 | 1-4 | 1-2 原地跳动,3 交叉步,4 还原 |
|---|---|---|---|
| | | 5-8 | 5-6 恰恰,7 左脚向前,脚后跟点地,8 还原 |
| | 手臂 | 1-4 | 1 两臂上下转动,3 双臂胸前上屈,4 双臂前屈 |
| | | 5-8 | 5-6 胸前平屈,7 胸前屈臂交叉,8 双臂收于腰间 |

### 第二个八拍

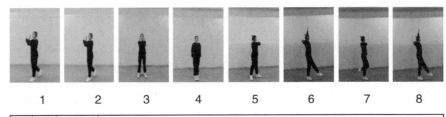

1　　2　　3　　4　　5　　6　　7　　8

| 动作说明 | 步伐 | 1-4 | 1/2 曼步、还原 |
|---|---|---|---|
| | | 5-8 | 弹踢腿 |
| | 手臂 | 1-4 | 1-3 双臂胸前屈,4 双臂置于体侧 |
| | | 5-8 | 5、7 胸前平屈,6、8 左臂上举,右臂侧平举 |

### 第三个八拍

1　　2　　3　　4　　5　　6　　7　　8

| 动作说明 | 步伐 | 1-4 | 1/2 曼步、还原 |
|---|---|---|---|
| | | 5-8 | 弹踢腿 |
| | 手臂 | 1-4 | 1-3 双臂胸前屈,4 双臂置于体侧 |
| | | 5-8 | 5、7 胸前平屈,6、8 左臂上举,右臂侧平举 |

### 第四个八拍

1　　2　　3　　4　　5　　6　　7　　8

146

| 动作说明 | 步伐 | 1–4 | 1、3 左右垫步，2、4 还原 |
|---|---|---|---|
| | | 5–8 | 走步转体 |
| | 手臂 | 1–4 | 1、3 双臂前举，2、4 双臂置于体侧 |
| | | 5–8 | 5–7 双臂置于体侧，8 左臂呈 90° 前举，右臂置于体侧 |

第五至八个八拍同第一至四个八拍，动作相同，方向相反。

# 第三节　校园规范健身操三级套路

## 一、第一个组合

第一个八拍

| 1 | 2 | 3 | 4 | 5 | 6 | 7 | 8 |

| 动作说明 | 步伐 | 1–4 | 前后开立、并步 |
|---|---|---|---|
| | | 5–8 | 左右开立、并步 |
| | 手臂 | 1–4 | 1–3 胸前上屈肘，4 侧平举 |
| | | 5–8 | 5 胸前上屈肘，6 屈臂重叠，7 侧平举，8 双手置于体侧 |

第二个八拍

| 1 | 2 | 3 | 4 | 5 | 6 | 7 | 8 |

| 动作说明 | 步伐 | 1-4 | 依次后交叉 |
| --- | --- | --- | --- |
| | | 5-8 | 依次后交叉 |
| | 手臂 | 1-4 | 1 侧平举,2 右臂前下举、左臂后下举,3 侧平举,4 左臂前下举、右臂后下举 |
| | | 5-8 | 5 双手交叉放于肩上,6 双手放于肩上,7 双臂胸前交叉,8 双手体侧屈肘 |

第三个八拍

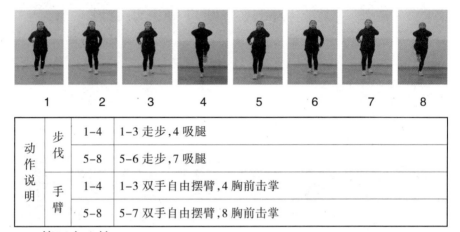

| | 1 | 2 | 3 | 4 | 5 | 6 | 7 | 8 |

| 动作说明 | 步伐 | 1-4 | 1-3 走步,4 吸腿 |
| --- | --- | --- | --- |
| | | 5-8 | 5-6 走步,7 吸腿 |
| | 手臂 | 1-4 | 1-3 双手自由摆臂,4 胸前击掌 |
| | | 5-8 | 5-7 双手自由摆臂,8 胸前击掌 |

第四个八拍

| | 1 | 2 | 3 | 4 | 5 | 6 | 7 | 8 |

| 动作说明 | 步伐 | 1-4 | 小马跳 |
| --- | --- | --- | --- |
| | | 5-8 | 开合跳 |
| | 手臂 | 1-4 | 1-2 右臂侧下举、左臂屈肘,3-4 右臂侧下举、左臂屈肘 |
| | | 5-8 | 5-6 侧平举,7-8 双手置于体侧 |

第五至八个八拍同第一至四个八拍,动作相同,方向相反。

## 二、第二个组合

### 第一个八拍

1    2    3    4    5    6    7    8

| 动作说明 | 步伐 | 1–4 | 1 后踢腿，2 侧点地，3 后踢腿，4 前踢腿 |
| | | 5–8 | 后屈腿 |
| | 手臂 | 1–4 | 1 双臂上举，2、4 左臂侧平举、右臂侧屈肘，3 双臂胸前交叉 |
| | | 5–8 | 5 双手放于腰间，6 双臂胸前上屈交叉，7 双手放于腰间，8 双臂侧举屈肘 |

### 第二个八拍

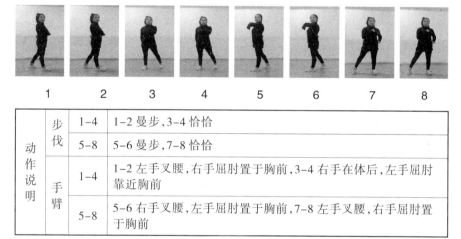

1    2    3    4    5    6    7    8

| 动作说明 | 步伐 | 1–4 | 1–2 曼步，3–4 恰恰 |
| | | 5–8 | 5–6 曼步，7–8 恰恰 |
| | 手臂 | 1–4 | 1–2 左手叉腰，右手屈肘置于胸前，3–4 右手在体后，左手屈肘靠近胸前 |
| | | 5–8 | 5–6 右手叉腰，左手屈肘置于胸前，7–8 左手叉腰，右手屈肘置于胸前 |

### 第三个八拍

1    2    3    4    5    6    7    8

| 动作说明 | 步伐 | 1-4 | 右脚提踵两次 |
|---|---|---|---|
| | | 5-8 | 5-6 右脚提踵, 7 开立, 8 左腿屈膝点地 |
| | 手臂 | 1-4 | 1 胸前上屈肘, 2 双臂侧平举, 3 双臂胸前上屈交叉, 4 双臂胸前上屈 |
| | | 5-8 | 5 双臂上举, 6 右臂侧平举、左臂侧屈肘, 7 双臂上举, 8 右臂侧平举、左臂侧屈肘 |

第四个八拍

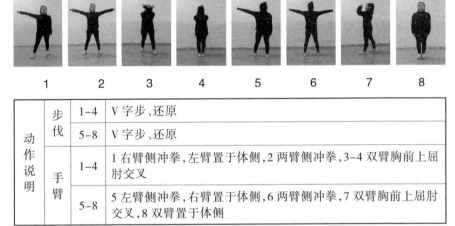

| 1 | 2 | 3 | 4 | 5 | 6 | 7 | 8 |

| 动作说明 | 步伐 | 1-4 | V 字步、还原 |
|---|---|---|---|
| | | 5-8 | V 字步、还原 |
| | 手臂 | 1-4 | 1 右臂侧冲拳, 左臂置于体侧, 2 两臂侧冲拳, 3-4 双臂胸前上屈肘交叉 |
| | | 5-8 | 5 左臂侧冲拳, 右臂置于体侧, 6 两臂侧冲拳, 7 双臂胸前上屈肘交叉, 8 双臂置于体侧 |

第五至八个八拍同第一至四个八拍, 动作相同, 方向相反。

## 三、第三个组合

第一个八拍

| 1 | 2 | 3 | 4 | 5 | 6 | 7 | 8 |

| 动作说明 | 步伐 | 1-4 | 1-2 曼步, 3-4 恰恰 |
|---|---|---|---|
| | | 5-8 | 吸腿跳 |
| | 手臂 | 1-4 | 自由摆臂 |
| | | 5-8 | 5、7 双臂胸前上屈肘, 6、8 双臂置于体侧 |

### 第二个八拍

| 动作说明 | 步伐 | 1-4 | 1-2 开立、还原,3-4 开立,右腿侧踢 |
| --- | --- | --- | --- |
| | | 5-8 | 原地转体 360° |
| | 手臂 | 1-4 | 1 双臂胸前上屈肘,2 双臂胸前平举,3 双臂胸前上屈肘,4 双臂侧平举 |
| | | 5-8 | 双臂置于体侧 |

### 第三个八拍

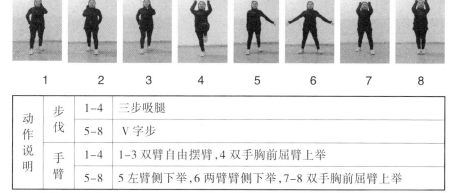

| 动作说明 | 步伐 | 1-4 | 三步吸腿 |
| --- | --- | --- | --- |
| | | 5-8 | V 字步 |
| | 手臂 | 1-4 | 1-3 双臂自由摆臂,4 双手胸前屈臂上举 |
| | | 5-8 | 5 左臂侧下举,6 两臂臂侧下举,7-8 双手胸前屈臂上举 |

### 第四个八拍

| 动作说明 | 步伐 | 1-4 | 上步吸腿 |
| --- | --- | --- | --- |
| | | 5-8 | 5-6 迈步,7-8 开合跳 |
| | 手臂 | 1-4 | 1 右臂侧上举,2 右臂胸前屈肘,3 左臂侧上举,4 左臂胸前屈肘 |
| | | 5-8 | 5 右手放于脑后,6 双手放于脑后,7 双臂侧平举,8 双臂置于体侧 |

第五至八个八拍同第一至四个八拍,动作相同,方向相反。

## 四、第四个组合

第一个八拍

| | | 1 | 2 | 3 | 4 | 5 | 6 | 7 | 8 |

| 动作说明 | 步伐 | 1-4 | 1-2 迈步顶胯,3-4 走步 |
|---|---|---|---|
| | | 5-8 | 5-6 迈步顶胯,7-8 走步 |
| | 手臂 | 1-4 | 1-2 双臂侧上举,3-4 右臂屈肘、左臂侧下举 |
| | | 5-8 | 5-6 双臂侧上举,7-8 右臂屈肘、左臂侧下举 |

第二个八拍

| 动作说明 | 步伐 | 1-4 | 1-4 上步侧点地 |
|---|---|---|---|
| | | 5-8 | 5-8 跑步 |
| | 手臂 | 1-4 | 1 左臂胸前平屈,右臂置于体侧,2 左臂侧平举,右臂置于体侧,3 双臂置于体侧,4 右臂上举 |
| | | 5-8 | 自由摆臂 |

第三个八拍

| 动作说明 | 步伐 | 1–4 | 1 前踢腿，2 侧踢腿，3–4 踏步 |
| --- | --- | --- | --- |
| | | 5–8 | 恰恰 |
| | 手臂 | 1–4 | 1 左臂侧平举、右臂前举，2 右臂侧平举、左臂前举，3–4 自由摆臂 |
| | | 5–8 | 5–6 右臂侧平举、左臂前举，7–8 左臂侧平举、右臂前举 |

第四个八拍

| 1 | 2 | 3 | 4 | 5 | 6 | 7 | 8 |

| 动作说明 | 步伐 | 1–4 | 小马跳 |
| --- | --- | --- | --- |
| | | 5–8 | 上步吸腿 |
| | 手臂 | 1–4 | 1–2 左臂上举、右臂置于体侧，3–4 右臂上举、左臂置于体侧 |
| | | 5–8 | 自由摆臂 |

第五至八个八拍同第一至四个八拍，动作相同，方向相反。

# 第四节　校园规范健身操四级套路

## 一、第一个组合

第一个八拍

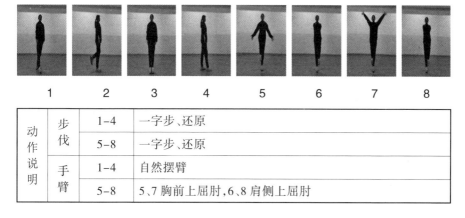

| 1 | 2 | 3 | 4 | 5 | 6 | 7 | 8 |

| 动作说明 | 步伐 | 1–4 | 一字步、还原 |
| --- | --- | --- | --- |
| | | 5–8 | 一字步、还原 |
| | 手臂 | 1–4 | 自然摆臂 |
| | | 5–8 | 5、7 胸前上屈肘，6、8 肩侧上屈肘 |

## 第二个八拍

1　2　3　4　5　6　7　8

| 动作说明 | 步伐 | 1–4 | 开立、并步 |
|---|---|---|---|
| | | 5–8 | 5–6 1/2 前曼波步,7–8 走一步+垫步 |
| | 手臂 | 1–4 | 1 左侧屈肘,手呈开掌,3 右侧屈肘,手呈开掌,2、4 两臂置于体侧 |
| | | 5–8 | 5–6 左臂前举,右臂上举,呈花掌,7–8 两臂交叉至胸前,呈实心拳 |

## 第三个八拍

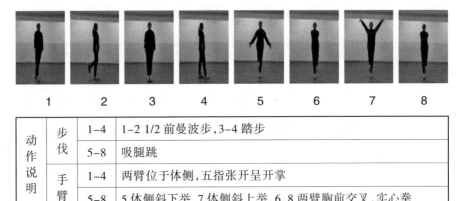

1　2　3　4　5　6　7　8

| 动作说明 | 步伐 | 1–4 | 1–2 1/2 前曼波步,3–4 踏步 |
|---|---|---|---|
| | | 5–8 | 吸腿跳 |
| | 手臂 | 1–4 | 两臂位于体侧,五指张开呈开掌 |
| | | 5–8 | 5 体侧斜下举,7 体侧斜上举,6、8 两臂胸前交叉,实心拳 |

## 第四个八拍

1　2　3　4　5　6　7　8

| 动作说明 | 步伐 | 1–4 | 并步 2 次 |
|---|---|---|---|
| | | 5–8 | 交叉步 |
| | 手臂 | 1–4 | 1、3 肩侧上屈肘,2、4 头顶击掌 |
| | | 5–8 | 5、7 侧平举,6 两臂交叉于腹前,8 两臂自然下垂 |

第五至八个八拍同第一至四个八拍,动作相同,方向相反。

## 二、第二个组合

### 第一个八拍

| 动作说明 | 步伐 | 1-4 | 向前走步 4 步 |
|---|---|---|---|
| | | 5-8 | 5-6 左脚脚尖侧点地,7-8 右脚脚尖侧点地 |
| | 手臂 | 1-4 | 1 斜上举,2 两臂在胸前交叉,3 两手移至肩膀上,4 两臂自然下垂 |
| | | 5-8 | 5、7 两臂上举,6、8 两臂垂直下移至胸前 |

### 第二个八拍

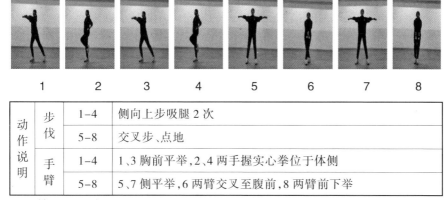

| 动作说明 | 步伐 | 1-4 | 侧向上步吸腿 2 次 |
|---|---|---|---|
| | | 5-8 | 交叉步、点地 |
| | 手臂 | 1-4 | 1、3 胸前平举,2、4 两手握实心拳位于体侧 |
| | | 5-8 | 5、7 侧平举,6 两臂交叉至腹前,8 两臂前下举 |

### 第三个八拍

| | 步伐 | 1-4 | V 字步 |
|---|---|---|---|
| 动作说明 | | 5-8 | 吸腿跳 2 次 |
| | 手臂 | 1-4 | 1-2 手掌呈开掌依次置于脑后，3 并掌前举，4 两臂自然下垂 |
| | | 5-8 | 5、7 左 / 右臂胸前平屈肘，右 / 左臂侧平举，6、8 两臂自然下垂 |

第四个八拍

| 1 | 2 | 3 | 4 | 5 | 6 | 7 | 8 |

| | 步伐 | 1-4 | 小马跳 2 次 |
|---|---|---|---|
| 动作说明 | | 5-8 | 开合跳 2 次 |
| | 手臂 | 1-4 | 1、2 右臂胸前上屈肘，左臂胸前平屈肘，3-4 动作相同，方向相反，手呈花掌 |
| | | 5-8 | 5、7 左 / 右臂胸前平屈肘，右 / 左臂侧平举，6 两臂上举，8 自然下垂呈并掌 |

第五至八个八拍同第一至四个八拍，动作相同，方向相反。

## 三、第三个组合

第一个八拍

| 1 | 2 | 3 | 4 | 5 | 6 | 7 | 8 |

| | 步伐 | 1-4 | 1、3 脚尖前点地，2 脚尖后点地，4 并脚 |
|---|---|---|---|
| 动作说明 | | 5-8 | 5-6 向右跨步跳，7-8 向前弓步跳 |
| | 手臂 | 1-4 | 1、3 左臂平屈肘，右臂侧平举，2 动作相同，方向相反，4 两臂自然下垂 |
| | | 5-8 | 5 两臂侧斜上举，7 两臂侧平举，6、8 两臂自然下垂 |

## 第二个八拍

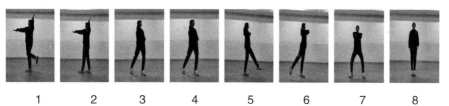

1 2 3 4 5 6 7 8

| 动作说明 | 步伐 | 1-4 | 1-2 向侧 1/2 前曼波步,3-4 转身恰恰两次 |
|---|---|---|---|
| | | 5-8 | 5-6 前后摆腿,7 开合跳,8 并脚 |
| | 手臂 | 1-4 | 1-2 左臂前举,右臂上举,手呈花掌,3-4 两臂置于左侧胯部 |
| | | 5-8 | 5-6 左/右臂侧平举,右/左臂平屈肘,7 两小臂交叠,8 自然下垂 |

## 第三个八拍

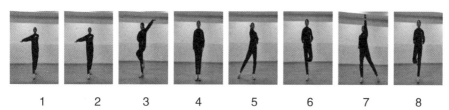

1 2 3 4 5 6 7 8

| 动作说明 | 步伐 | 1-4 | 1-2 恰恰,3 抬腿,4 并脚 |
|---|---|---|---|
| | | 5-8 | 5 右脚尖侧点地,6 左脚后屈腿,7 左脚尖侧点地,8 右脚后屈腿 |
| | 手臂 | 1-4 | 1-2 左臂前举,右臂侧平举,3 左臂斜上举,右臂置于腹前,4 自然下垂 |
| | | 5-8 | 5 左手叉腰,右臂前举,6、8 两臂收于腰间,7 左臂向上冲拳,右手叉腰 |

## 第四个八拍

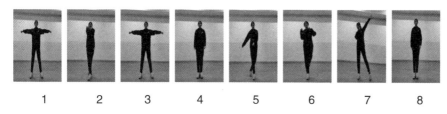

1 2 3 4 5 6 7 8

| 动作说明 | 步伐 | 1-4 | 交叉步、并步 |
| --- | --- | --- | --- |
| | | 5-8 | 5 左脚尖后点地,6 左腿后抬,7 左脚尖侧点地,8 并脚 |
| | 手臂 | 1-4 | 1、3 侧平举,2 前举,4 自然下垂 |
| | | 5-8 | 5 斜下举,两臂平行,6 胸前屈肘,7 右臂平屈肘,左臂斜上举,8 自然下垂 |

第五至八个八拍同第一至四个八拍,动作相同,方向相反。

## 四、第四个组合

### 第一个八拍

| 动作说明 | 步伐 | 1-4 | 并步 2 次 |
| --- | --- | --- | --- |
| | | 5-8 | 跑步 |
| | 手臂 | 1-4 | 两臂胸前轮转,实心拳 |
| | | 5-8 | 5-6 左 / 右臂侧屈肘,右 / 左臂侧斜上举,7-8 左 / 右臂依次上举,手呈开掌 |

### 第二个八拍

| 动作说明 | 步伐 | 1-4 | 换跳步 |
| --- | --- | --- | --- |
| | | 5-8 | 5-6 向侧 1/2 前曼波步,7 踏步,8 并脚 |
| | 手臂 | 1-4 | 1、3 右 / 左手向前冲掌,呈开掌,2、4 两置于腰间,呈实心拳 |
| | | 5-8 | 5-6 右臂前举,左臂上举,7-8 两臂置于体侧 |

## 第三个八拍

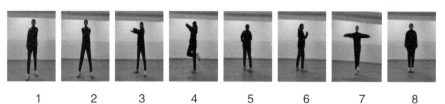

1　　2　　3　　4　　5　　6　　7　　8

| 动作说明 | 步伐 | 1–4 | 1–3 V 字步，4 后屈左腿 |
|---|---|---|---|
| | | 5–8 | 5–6 踏步，转身 360°，7 踢左腿，8 并脚 |
| | 手臂 | 1–4 | 1–2，左 / 右手依次置于异侧肩膀，3 两臂交叉前举，4 左臂平屈肘，右臂侧平举 |
| | | 5–8 | 5–6 自然摆臂，7 侧平举，8 自然下垂 |

## 第四个八拍

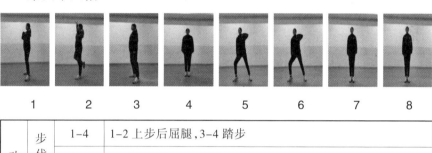

1　　2　　3　　4　　5　　6　　7　　8

| 动作说明 | 步伐 | 1–4 | 1–2 上步后屈腿，3–4 踏步 |
|---|---|---|---|
| | | 5–8 | 5–6 侧弓步，7–8 并脚 |
| | 手臂 | 1–4 | 1 胸前交叉，呈实心拳，2 左臂前举，右臂上举，呈花掌，3–4 自然下垂 |
| | | 5–8 | 5–6 左臂胸前平屈肘，右臂下垂，7–8 自然下垂 |

第五至八个八拍同第一至四个八拍，动作相同，方向相反。

# 第五节 校园规范健身操五级套路

## 一、第一个组合

### 第一个八拍

| 动作说明 | 步伐 | 1–4 | 先右后左的两个并步 |
|---|---|---|---|
| | | 5–8 | 先右后左的换腿跳 |
| | 手臂 | 1–4 | 1-2 右手侧上举,左手自然下垂置于体侧,3-4 双手侧上举 |
| | | 5–8 | 5 双手侧下举,6 双手胸前握住,7 双手握住胸前平举,8 双手握拳置于腰间 |

### 第二个八拍

| 动作说明 | 步伐 | 1–4 | 上步吸腿 |
|---|---|---|---|
| | | 5–8 | 向右迈步加 1/2 后曼步 |
| | 手臂 | 1–4 | 1-2 自然摆臂,3 双手胸前平屈,4 双手自然下垂置于体侧 |
| | | 5–8 | 5 右手侧平举,6 左手绕头顶一圈,7 双手侧平举,8 双手自然下垂置于体侧 |

### 第三个八拍

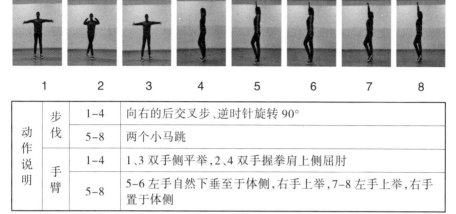

1    2    3    4    5    6    7    8

| 动作说明 | 步伐 | 1-4 | 向右的后交叉步、逆时针旋转 90° |
| --- | --- | --- | --- |
| | | 5-8 | 两个小马跳 |
| | 手臂 | 1-4 | 1、3 双手侧平举，2、4 双手握拳肩上侧屈肘 |
| | | 5-8 | 5-6 左手自然下垂至于体侧，右手上举，7-8 左手上举，右手置于体侧 |

### 第四个八拍

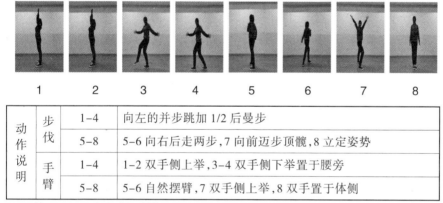

1    2    3    4    5    6    7    8

| 动作说明 | 步伐 | 1-4 | 向左的并步跳加 1/2 后曼步 |
| --- | --- | --- | --- |
| | | 5-8 | 5-6 向右后走两步，7 向前迈步顶髋，8 立定姿势 |
| | 手臂 | 1-4 | 1-2 双手侧上举，3-4 双手侧下举置于腰旁 |
| | | 5-8 | 5-6 自然摆臂，7 双手侧上举，8 双手置于体侧 |

第五至八个八拍同第一至四个八拍，动作相同，方向相反。

## 二、第二个组合

### 第一个八拍

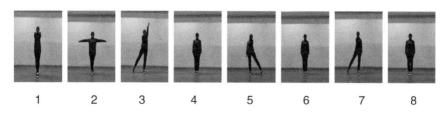

1    2    3    4    5    6    7    8

| | | | |
|---|---|---|---|
| 动作说明 | 步伐 | 1-4 | 1-2 向后走两步,3-4 右边侧点地、还原 |
| | | 5-8 | 5-6 左边侧点地、还原,7-8 右边侧点地、还原 |
| | 手臂 | 1-4 | 1.双手前平举,2 侧平举,3 右手前平举,左手上举,4 双手置于体侧 |
| | | 5-8 | 5 左手前平举,右手置于体侧,6 双手置于体侧,7 右手前平举,左手置于体侧,8 双手置于体侧 |

第二个八拍

| | | | |
|---|---|---|---|
| 动作说明 | 步伐 | 1-4 | 1 左脚前踢,2 左脚前屈,3 右腿后屈,4 右腿侧踢 |
| | | 5-8 | 两个开合跳 |
| | 手臂 | 1-4 | 1 双手前平举,2 双手握拳置于腰间,3-4 双手侧下举 |
| | | 5-8 | 5-6 双手胸前交叉,7 双手侧上举,8 双手置于体侧 |

第三个八拍

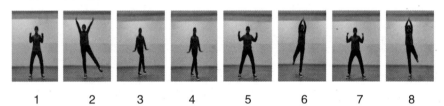

| | | | |
|---|---|---|---|
| 动作说明 | 步伐 | 1-4 | 向右的迈步跳加 1/2 后曼步 |
| | | 5-8 | 先左后右的两个曼步后屈腿 |
| | 手臂 | 1-4 | 1 双手体前上屈肘,2 双手侧上举,3-4 双手侧下举 |
| | | 5-8 | 5、7 双手体前上屈肘,6、8 双手头顶击掌 |

第四个八拍

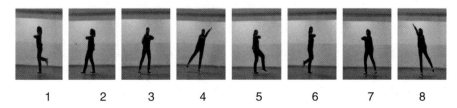

| 动作说明 | 步伐 | 1-4 | 向右的曼步 |
|---|---|---|---|
| | | 5-8 | 向左的曼步 |
| | 手臂 | 1-4 | 1-3 左手胸前平屈,右手置于腰腹后,4 左手侧上举,右手置于体侧 |
| | | 5-8 | 5-7 右手胸前平屈,左手置于腰腹后,8 右手侧上举,左手置于体侧 |

第五至八个八拍同第一至四个八拍,动作相同,方向相反。

## 三、第三个组合

### 第一个八拍

1　　2　　3　　4　　5　　6　　7　　8

| 动作说明 | 步伐 | 1-4 | 向前 "V" 字步 |
|---|---|---|---|
| | | 5-8 | 开合跳 |
| | 手臂 | 1-4 | 1 右手侧上举,左手胸前上屈肘,2 左手侧上举,右手胸前上屈肘,3-4 双手置于体侧 |
| | | 5-8 | 5 右手侧上举,6 双手侧上举,7-8 双手置于体侧 |

### 第二个八拍

1　　2　　3　　4　　5　　6　　7　　8

| 动作说明 | 步伐 | 1-4 | 1-2 开合跳,3-4 变换重心跳 |
|---|---|---|---|
| | | 5-8 | 马步跳(两拍一动) |
| | 手臂 | 1-4 | 1 双手侧上举,2 双手置于体侧,3、4 双手胸前平屈 |
| | | 5-8 | 5-6 双手置于大腿处,7-8 双手置于体侧 |

## 第三个八拍

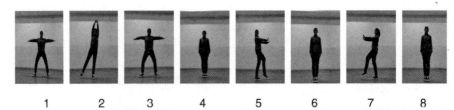

1　　　2　　　3　　　4　　　5　　　6　　　7　　　8

| 动作说明 | 步伐 | 1-4 | 向右的并步跳 |
|---|---|---|---|
| | | 5-8 | 向右的六步曼步 |
| | 手臂 | 1-4 | 1、3双手侧平举,2双手头顶相交,4双手置于体侧 |
| | | 5-8 | 5、7双手胸前平举,6、8双手置于体侧 |

## 第四个八拍

1　　　2　　　3　　　4　　　5　　　6　　　7　　　8

| 动作说明 | 步伐 | 1-4 | 右前一字步 |
|---|---|---|---|
| | | 5-8 | 5-6向右侧点地,7-8原地后踢腿跑 |
| | 手臂 | 1-4 | 1右手胸前上屈肘,2双手胸前上屈肘,3双手胸前平屈肘,4双手置于体侧 |
| | | 5-8 | 5右手向左侧斜上举,6双手置于体侧,7、8双手胸前击掌 |

第五至八个八拍同第一至四个八拍,动作相同,方向相反。

## 四、第四个组合

### 第一个八拍

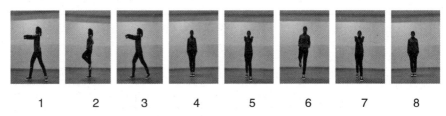

1　　　2　　　3　　　4　　　5　　　6　　　7　　　8

| 动作说明 | 步伐 | 1-4 | 向右上步吸腿 |
|---|---|---|---|
| | | 5-8 | 向前上步吸腿 |
| | 手臂 | 1-4 | 1、3双手胸前平举，2双手收于腰间，4双手置于体侧 |
| | | 5-8 | 5、7双手胸前平举，6双手收于腰间，8双手置于体侧 |

### 第二个八拍

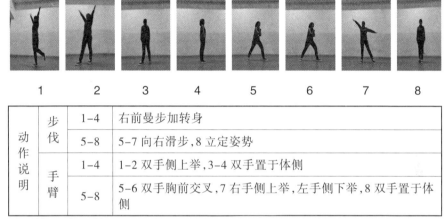

| 动作说明 | 步伐 | 1-4 | 右前曼步加转身 |
|---|---|---|---|
| | | 5-8 | 5-7向右滑步，8立定姿势 |
| | 手臂 | 1-4 | 1-2双手侧上举，3-4双手置于体侧 |
| | | 5-8 | 5-6双手胸前交叉，7右手侧上举，左手侧下举，8双手置于体侧 |

### 第三个八拍

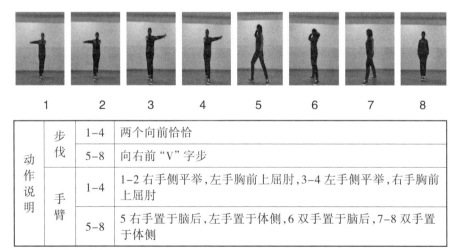

| 动作说明 | 步伐 | 1-4 | 两个向前恰恰 |
|---|---|---|---|
| | | 5-8 | 向右前"V"字步 |
| | 手臂 | 1-4 | 1-2右手侧平举，左手胸前上屈肘，3-4左手侧平举，右手胸前上屈肘 |
| | | 5-8 | 5右手置于脑后，左手置于体侧，6双手置于脑后，7-8双手置于体侧 |

### 第四个八拍

| 动作说明 | 步伐 | 1–4 | 原地后踢腿跑 |
|---|---|---|---|
| | | 5–8 | 5 左腿侧踢,6 右腿后屈,7 马步跳,8 立定姿势 |
| | 手臂 | 1–4 | 1 右手侧平举,左手置于体侧,2 双手侧平举,3 双手头顶击掌,4 双手置于体侧 |
| | | 5–8 | 5 双手侧平举,6 右手置于脑后,左手叉腰,7 双手置于大腿处,8 双手置于体侧 |

第五至八个八拍同第一至四个八拍,动作相同,方向相反。

# 第六节　校园规范健身操六级套路

## 一、第一个组合

第一个八拍

1　2　3　4　5　6　7　8

| 动作说明 | 步伐 | 1–4 | 1–3 后交叉步,4 吸腿跳 |
|---|---|---|---|
| | | 5–8 | 5–8 一字步 |
| | 手臂 | 1–4 | 1–3 一臂肩侧上屈肘,另一臂下屈肘,两臂屈肘自然摆动,4 胸前击掌 |
| | | 5–8 | 5、7 胸前上屈肘,6 胸前平屈,8 还原至体侧 |

第二个八拍

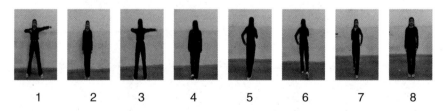

1　2　3　4　5　6　7　8

| 动作说明 | 步伐 | 1-4 | 1-2 开立、并步,3-4 并步转体 180° |
|---|---|---|---|
| | | 5-8 | 曼步转体 |
| | 手臂 | 1-4 | 1 左臂侧平举,右臂胸前平屈,2 还原,3 右臂侧平举,左臂胸前平屈,4 还原 |
| | | 5-8 | 5-6 自然摆臂,7-8 还原 |

第三个八拍

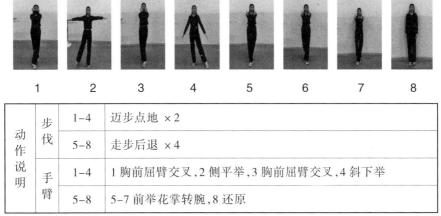

1  2  3  4  5  6  7  8

| 动作说明 | 步伐 | 1-4 | 迈步点地 ×2 |
|---|---|---|---|
| | | 5-8 | 走步后退 ×4 |
| | 手臂 | 1-4 | 1 胸前屈臂交叉,2 侧平举,3 胸前屈臂交叉,4 斜下举 |
| | | 5-8 | 5-7 前举花掌转腕,8 还原 |

第四个八拍

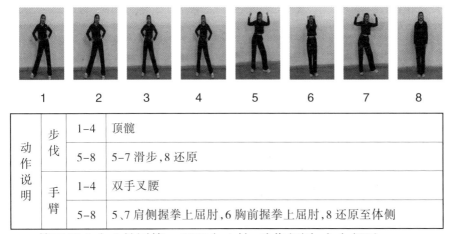

1  2  3  4  5  6  7  8

| 动作说明 | 步伐 | 1-4 | 顶髋 |
|---|---|---|---|
| | | 5-8 | 5-7 滑步,8 还原 |
| | 手臂 | 1-4 | 双手叉腰 |
| | | 5-8 | 5、7 肩侧握拳上屈肘,6 胸前握拳上屈肘,8 还原至体侧 |

第五至八个八拍同第一至四个八拍,动作相同,方向相反。

## 二、第二个组合

### 第一个八拍

| 1 | 2 | 3 | 4 | 5 | 6 | 7 | 8 |

| 动作说明 | 步伐 | 1-4 | 十字步转体90° |
|---|---|---|---|
| | | 5-8 | 十字步转体90° |
| | 手臂 | 1-4 | 一臂胸前屈肘,另一臂置于体侧,自然摆臂 |
| | | 5-8 | 一臂胸前屈肘,另一臂置于体侧,自然摆臂 |

### 第二个八拍

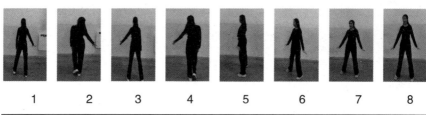

| 1 | 2 | 3 | 4 | 5 | 6 | 7 | 8 |

| 动作说明 | 步伐 | 1-4 | 并步 ×2 |
|---|---|---|---|
| | | 5-8 | 迈步侧点地 ×4 |
| | 手臂 | 1-4 | 1-2体前绕至侧下举开掌(右),3-4体前绕至侧下举开掌(左) |
| | | 5-8 | 侧下举开掌,掌心向下 |

### 第三个八拍

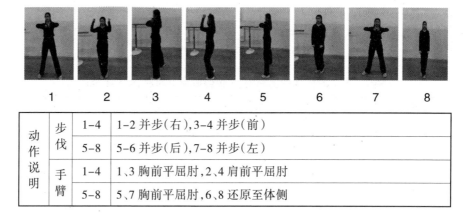

| 1 | 2 | 3 | 4 | 5 | 6 | 7 | 8 |

| 动作说明 | 步伐 | 1-4 | 1-2并步(右),3-4并步(前) |
|---|---|---|---|
| | | 5-8 | 5-6并步(后),7-8并步(左) |
| | 手臂 | 1-4 | 1、3胸前平屈肘,2、4肩前平屈肘 |
| | | 5-8 | 5、7胸前平屈肘,6、8还原至体侧 |

### 第四个八拍

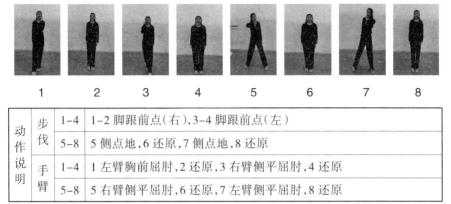

| 动作说明 | 步伐 | 1-4 | 1-2 脚跟前点（右），3-4 脚跟前点（左） |
|---|---|---|---|
| | | 5-8 | 5 侧点地，6 还原，7 侧点地，8 还原 |
| | 手臂 | 1-4 | 1 左臂胸前屈肘，2 还原，3 右臂侧平屈肘，4 还原 |
| | | 5-8 | 5 右臂侧平屈肘，6 还原，7 左臂侧平屈肘，8 还原 |

第五至八个八拍同第一至四个八拍，动作相同，方向相反。

### 三、第三个组合

### 第一个八拍

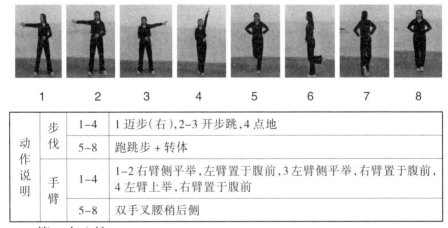

| 动作说明 | 步伐 | 1-4 | 1 迈步（右），2-3 开步跳，4 点地 |
|---|---|---|---|
| | | 5-8 | 跑跳步 + 转体 |
| | 手臂 | 1-4 | 1-2 右臂侧平举，左臂置于腹前，3 左臂侧平举，右臂置于腹前，4 左臂上举，右臂置于腹前 |
| | | 5-8 | 双手叉腰稍后侧 |

### 第二个八拍

| 动作说明 | 步伐 | 1–4 | 并步跳 ×2 |
|---|---|---|---|
| | | 5–8 | 迈步后点地 ×2 |
| | 手臂 | 1–4 | 1 右臂上举,五指张开,2 右臂胸前屈肘,五指张开,3–4 同 1–2,方向相反 |
| | | 5–8 | 5 侧平举,握拳,6 左臂前下冲拳,右臂后下冲拳,7 侧平举,握拳,8 右臂前下冲拳,左臂后下冲拳 |

第三个八拍

| 1 | 2 | 3 | 4 | 5 | 6 | 7 | 8 |

| 动作说明 | 步伐 | 1–4 | 后交叉步跳 |
|---|---|---|---|
| | | 5–8 | 后交叉步跳 |
| | 手臂 | 1–4 | 1 右手前指,左手垂于体侧稍后,2 右手斜前指,左手不变,3 右手侧平指,左手不变,4 右手置于体侧,左手不变 |
| | | 5–8 | 5–7 同 1–3,方向相反,8 双臂垂于体侧 |

第四个八拍

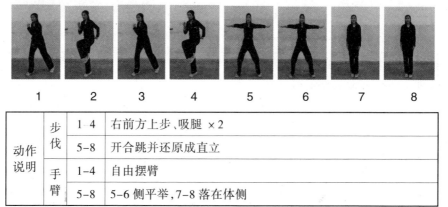

| 1 | 2 | 3 | 4 | 5 | 6 | 7 | 8 |

| 动作说明 | 步伐 | 1–4 | 右前方上步,吸腿 ×2 |
|---|---|---|---|
| | | 5–8 | 开合跳并还原成直立 |
| | 手臂 | 1–4 | 自由摆臂 |
| | | 5–8 | 5–6 侧平举,7–8 落在体侧 |

第五至八个八拍同第一至四个八拍,动作相同,方向相反。

## 四、第四个组合

### 第一个八拍

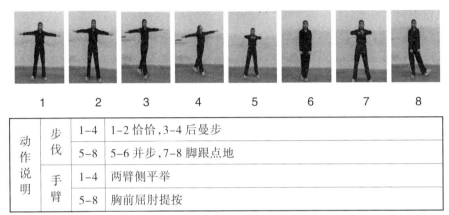

|     | 1 | 2 | 3 | 4 | 5 | 6 | 7 | 8 |

| 动作说明 | 步伐 | 1-4 | 1-2 恰恰，3-4 后曼步 |
| --- | --- | --- | --- |
| | | 5-8 | 5-6 并步，7-8 脚跟点地 |
| | 手臂 | 1-4 | 两臂侧平举 |
| | | 5-8 | 胸前屈肘提按 |

### 第二个八拍

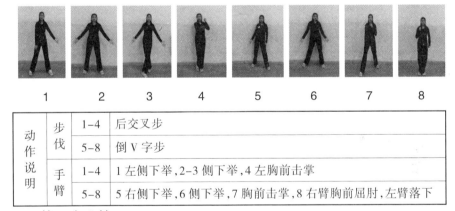

|     | 1 | 2 | 3 | 4 | 5 | 6 | 7 | 8 |

| 动作说明 | 步伐 | 1-4 | 后交叉步 |
| --- | --- | --- | --- |
| | | 5-8 | 倒 V 字步 |
| | 手臂 | 1-4 | 1 左侧下举，2-3 侧下举，4 左胸前击掌 |
| | | 5-8 | 5 右侧下举，6 侧下举，7 胸前击掌，8 右臂胸前屈肘，左臂落下 |

### 第三个八拍

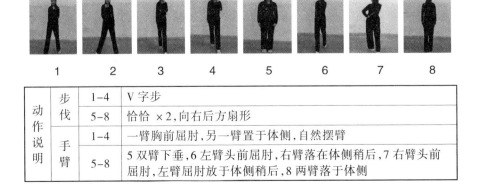

|     | 1 | 2 | 3 | 4 | 5 | 6 | 7 | 8 |

| 动作说明 | 步伐 | 1-4 | V 字步 |
| --- | --- | --- | --- |
| | | 5-8 | 恰恰 ×2，向右后方扇形 |
| | 手臂 | 1-4 | 一臂胸前屈肘，另一臂置于体侧，自然摆臂 |
| | | 5-8 | 5 双臂下垂，6 左臂头前屈肘，右臂落在体侧稍后，7 右臂头前屈肘，左臂屈肘放于体侧稍后，8 两臂落于体侧 |

第四个八拍

1    2    3    4    5    6    7    8

| 动作说明 | 步伐 | 1–4 | 一字步转体 180° |
|---|---|---|---|
| | | 5–8 | 迈步后屈腿 ×2（左） |
| | 手臂 | 1–4 | 1–2 胸前冲拳、还原，3–4 胸前平屈肘，还原 |
| | | 5–8 | 5 握拳前举，6 收回至腰间，7 握拳侧指，8 收回至腰间 |

第五至八个八拍同第一至四个八拍，动作相同，方向相反。

# 第六章

# 健美操拓展项目介绍

## 第一节　非遗"临县秧歌"概述

　　临县伞头秧歌是一种大型民间歌舞,它起源于中国古代祭祀活动中的迎神赛会和民间傩舞,主要在晋西吕梁山区的临县及其周边地区,包括离石的西山、柳林的北山、方山的西北部及与临县隔河相望的陕北佳县、吴堡一带流传。伞头秧歌有三十多种舞蹈场图、十多首舞蹈曲牌和四十多种演唱曲调,舞蹈以架鼓子最具特色,架鼓子由担任打鼓的男角、担任拉花的女角和担任扇风的丑角组成。男角打鼓,动作粗犷有力;女角耍扇,表演细腻动人;男女互相挑逗,嬉闹传情,丑角再从中插科打诨。2008年6月7日,山西省临县申报的秧歌(临县伞头秧歌)经中华人民共和国国务院批准列入第二批国家级非物质文化遗产名录,遗产编号:111-2。

### 一、临县伞头秧歌的起源与发展

　　相传,伞头秧歌起源于古代的祭祀活动,是为了祭祀娱神而举行的

民间歌舞活动。古老的演出习俗是,第一天,秧歌队先到村外祭祀田神、雨神、河神,然后拜大小庙宇,最后到山上送瘟神。祭祀时,众秧歌队员跪在地上,由伞头编唱祭歌,祈求神灵消灾免难,保佑来年风调雨顺、五谷丰登。第二天,开始在本村广场、街头、院落表演。本村演出三五天后,到邻村表演。演出结束时,还要到山上送瘟神,以示把黄河河岸各个村庄的瘟神都送进黄河。这体现了古老的自然崇拜,同时也掺和进了后世的迷信习俗。后来,随着社会的发展,人类驾驭自然、改造自然的能力不断增强,娱神的成分减少,娱人的成分增强,使它逐渐变成了一种民间的娱乐形式。

20世纪四五十年代是临县伞头秧歌的繁荣阶段,也是它的大变革时期。抗日战争时期,由于伞头秧歌在民间比较受欢迎,有着深厚的群众基础,符合当时中国共产党团结广大人民一起抗日的路线以及方针政策,成为当时中国共产党宣传抗日的重要媒介之一。此外,伞头服饰也发生了重大变化,他们开始脱去长袍礼帽,换上时装,体现着时代的气息。

新中国成立后,秧歌队伍由开始的几人逐渐壮大到几十人甚至上百人,参与者有小至七八岁的儿童,大到六七十岁的老人,成为一种全民参与的娱乐活动。

"文革"时期,各种文化艺术都处于发展的低潮,临县伞头秧歌也未能幸免于难。

改革开放之后,市场经济得到了快速发展,此时,伞头秧歌的表演形式和演唱方式都发生了新的变化,在舞蹈动作的设计、音乐的改编、场面调度等方面做了一番改变后开始推向舞台,从而焕发出新的活力,最终形成一种新的民间艺术。

跨入21世纪后,临县伞头秧歌受到当地县市文化主管部门的重视,有大批的伞头秧歌爱好者和组织者积极探索这项艺术的魅力,其中也不乏一些地方领导参与进来。

## 二、临县伞头秧歌的舞蹈特点

临县伞头秧歌和大部分秧歌的基本舞姿一样,都以"扭""摆""走"三种形式作为表演基础,某种程度上它与东北秧歌"热烈、火爆、诙谐、逗趣"的艺术特点较为相似,伞头秧歌要求"走得要轻巧,摆得要花哨,扭得要活泛。""扭"是舞蹈者腰部有节奏的扭动,"摆"是人体的上半身依靠肩、胸和头配合协调运动。舞蹈过程中"扭"和"走"都由日常化的"走"来支撑,加上舞蹈者头部的摆动,形成了欢快而和谐的舞蹈氛围。

# 第二节　临县伞头秧歌的传统体育文化

临县伞头秧歌俗称扭秧歌、闹会子,是本县广泛流传的群众性文娱活动形式,于 2008 年被国务院确定为国家级非物质文化遗产保护项目。2011 年我国颁布的《非物质文化遗产法》指出,学校应当按照国务院教育主管部门的规定,开展相关的非物质文化遗产教育。然而,吕梁传统的非遗"临县秧歌"文化却仅仅在社会得到了传承,在地方高校却没有占得一席之地,这使传统的非遗体育文化失去了传承的最佳渠道与媒介,因此,在地方高校进行秧歌的传承是非遗"临县秧歌"文化传承与保护的迫切需求。

## 一、非遗"临县秧歌"传统体育文化的理论研究

非遗"临县秧歌"是中国优秀的传统体育文化,对非遗"临县秧歌"的研究是了解中国优秀传统体育文化的有效途径,也是推动秧歌传统体育文化在地方高校传承的基础。从非遗"临县秧歌"的传统文化源头追溯、传统体育文化特色风格、价值功能等方面进行收集、探索、整理与研究,以期为临县秧歌文化的传承与保护提供文化系统活态传播的最佳传承方式。

### (一)非遗"临县秧歌"传统体育文化的源头追溯

秧歌起源于农民插秧耕田时的身体活动,是我国汉民族最具有代表性的民间舞蹈形式之一,清代以后在全国各地流传广泛,成为一种深入人心的民间舞蹈形式。秧歌动作丰富、形式多样、生动活泼、奔放热烈,既有表演性的秧歌舞,也有自娱性的秧歌舞。在长期的发展过程中,临

县秧歌不断吸收民歌、民间武术、杂技、戏曲等民间艺术的形式、技巧，逐渐由一般的演唱发展成为集体性的歌舞表演，成为具有广泛的群众基础、深受老百姓的喜爱的中华优秀民族传统体育文化。

（二）非遗"临县秧歌"传统体育文化的特色风格

秧歌舞队是现在各地秧歌一般活动的主要形态，各地秧歌的舞法、动作和风格各不相同。吕梁地区的秧歌规模大，有气势且极富吕梁地区民风特色，例如，有临县伞头秧歌、离石旱船秧歌、汾阳地秧歌、文水混秧歌、柳林水船秧歌、中阳旱船秧歌等。其中最具代表性的是临县伞头秧歌与离石地区的旱船秧歌，并被列为国家和省级非物质文化遗产。临县秧歌民间艺术团体队伍庞大，在山西地区广为流传，每逢佳节进行的秧歌表演，表达着人们祈求风调雨顺、国泰民安的美好愿望。同时，临县秧歌健身人群甚为广泛，在全民健身活动中，秧歌已经成为吕梁人民健身的主要运动方式，不管是在城市社区还是在农村社区，扭秧歌的吕梁人民随时随地都可见，秧歌运动已经成为吕梁人民的一种健康的体育运动生活方式。

**二、非遗"临县秧歌"传统体育文化的价值功能**

（一）临县秧歌能够提高锻炼者的身体健康水平

临县伞头秧歌是一种大型民间歌舞，临县秧歌的体育舞蹈形式包括集体舞、双人舞、三人舞等多种表演形式。临县秧歌队伍以"扭"为主，一个大型的秧歌队由伞头、锣鼓队、腰鼓队、扇子队、水船队、丑角队等各种各样小型队伍组成，各种秧歌队成员能够利用手中的道具进行活动、尽情表演。秧歌锻炼者在锣鼓、唢呐等吹打乐器的伴奏下，利用手中的手绢、伞、棒、鼓等道具尽情舞蹈，上肢挥舞手中道具、下肢进行秧歌舞步，身体配合做各种相应角色舞蹈动作的扭动，表演者、锻炼者的身体各部位得到了充分的活动。街头串场的秧歌队运动时间一般为30分钟以上，锣鼓、唢呐的音乐节奏属于中等、适合健身舞蹈运动的节奏，进行秧歌锻炼人群的运动强度属于中等强度。临县秧歌运动是一项有氧运动项目,因此,长时间的秧歌运动对锻炼者身体健康水平的提高有很大的促进作用。

(二)临县秧歌能够提高锻炼者的心理健康水平

临县秧歌队的主要特色在于秧歌队所特有的具有民族传统特色的锣鼓、唢呐配乐,在锣鼓和唢呐下呈现出很多种欢快的音乐歌曲和音乐节奏,参与秧歌锻炼的人群在这种欢快音乐节奏下运动,自由自在、心情愉悦。秧歌带给人们的是释放压力、身心愉悦、心理享受的体验,即使运动时间再长,人们也感觉不到运动的疲劳。同时,临县秧歌的特色表演就是表演者之间的相互绕圈、碰面与打照面,这就要求表演者之间面对面互相绕扇、挥绸以示会话交流。锻炼者在秧歌舞蹈过程中会以积极的情绪状态迎接对方,经常参与秧歌锻炼,锻炼者的积极情绪管理与外向性格会在秧歌锻炼的过程中逐渐表露出来,对锻炼者的积极情绪调控有着重要的作用,因此,坚持参加秧歌锻炼的人群心理健康水平得到了很大的提高。

(三)临县秧歌能够提高锻炼者的社会适应水平

临县秧歌的运动形式主要以集体舞形式出现,秧歌表演者在几百人的表演团队中各尽其职,完成自己的运动表演。每一个秧歌队的成员需在互相配合的情况下才能完成舞蹈队形的展示,比如在街头表演的秧歌队呈现一条龙的队形,每一个人的角色与位置都是不可缺失的,因此,和团队的协作与配合是每一个秧歌锻炼者必备的心理素质之一,参与秧歌锻炼的每一个人的人际交往能力得到了很大的提高。同时,经常参与临县秧歌这种大型的民间舞蹈锻炼与表演,锻炼者能够不断适应这种人员混杂的环境与氛围,社会适应水平就得到了进一步提高。

**三、非遗"临县秧歌"传统体育文化的学术研究**

目前,学术界对秧歌的研究较少,收集到的论文大多是从"艺术"角度对"秧歌"进行研究,主要研究秧歌的源流、民俗基础、特色、功能发展

以及在民间、高校中的传承。以体育视角研究秧歌的学术论文仅仅局限在秧歌在学校中的开展现状,如王东的《陕北域小学体育中传统秧歌的开展现状研究》,而以体育视角研究秧歌在高校中的传承的相关文章目前还未出现,因此,以体育视角研究秧歌在地方高校中的传承就显得十分必要。本研究从高校学校体育传承的重要性、意义和传承途径等角度入手,为吕梁临县秧歌在地方高校更好地传承提供参考,也为临县秧歌在地方高校中的传承提供新的思路。

随着全民健身活动的开展与发展,让古老的吕梁秧歌运动项目日益成为全民健身的主要方法与方式。临县秧歌不仅是一种艺术,更是一种体育运动项目,在欢快的节奏下,大家在一起运动,扭着秧歌,既锻炼了身体,又能缓解压力、娱乐身心。将非遗"临县秧歌"融合于地方高校体育选项课程中,学生不仅能达到健身、愉悦身心的目的,还能促进人与人之间的交流,在这样的学习、锻炼氛围中不仅提高了大学生的人际关系、大学生的社会适应能力,也进一步促进了学生的健康水平,提高了大学生的幸福感。同时也能使大学生深入体会、感知黄河文化的魅力,感知吕梁传统文化的魅力。

（一）非遗"临县秧歌"在地方高校中的传承意义

以吕梁学院为试点,探讨非遗"临县秧歌"在地方高校的传承与创新,不仅能够使吕梁学院大学生接受吕梁传统体育文化的熏陶与教育,达到提高吕梁学院大学生传统体育文化素养的目的,而且能够使临县秧歌在地方高校得到了更好地传承与保护,实现临县秧歌的创新传承与可持续发展。同时,临县秧歌进入地方院校不仅丰富了地方高校体育选项课程内容,而且拓展了地方高校的校园文化建设内容,从而使中华民族优秀的古老秧歌文化历久弥新。再者,非遗"临县秧歌"在地方高校中的传承不仅传播了优秀的民族传统体育文化,充实大学生参与健身活动的内容,而且能够充分发挥地方高校服务于地方文化的功能,加速地方高校更好地服务地方经济、地方文化建设的进程。因此,将非遗"临县秧歌"融合地方高校进行传承与保护,有着更加全面而深远的实践意义,进而定位非遗"临县秧歌"在地方高校传承目标实现的可行性。

（二）构建非遗"临县秧歌"在地方高校中的理论传承模式

1. 构建地方高校非遗"临县秧歌"传统体育文化课程体系

以吕梁学院为试点，将"临县秧歌"纳入吕梁学院体育系休闲体育专业特色课程体系、体育教育专业选修课程体系、高校公共体育选项课程体系、高校尔雅通识选修课程体系。建立"临县秧歌"传统体育文化网络课程体系，让大学生在课程教学过程中，不仅能够从视角上欣赏"临县秧歌"的魅力，而且能够使大学生在"临县秧歌"表演的氛围中参与实践锻炼，在课堂参与过程中真正获得"临县秧歌"带给他们的乐趣与成功体验。课余时间里地方高校积极组织"临县秧歌"民间艺术家、非物质文化遗产传承人、伞头秧歌民间艺人面向体育专业学生、公共体育非体育专业学生开设临县伞头秧歌的专题讲座，"临县秧歌"传承基地村为学生提供了参观与调研条件，让学生实地考察并感知临县秧歌在吕梁人民全民健身活动中的重要地位与重要意义，进一步深入了解中华优秀传统体育文化内涵与寓意。在设置非遗"临县秧歌"传统体育文化课程体系的同时，学校还积极鼓励与支持体育教师开展大学体育临县秧歌选项课程，支持体育教师深入临县秧歌传承基地实地考察，为非遗"临县秧歌"传统体育文化课程的实施培养专业的教师队伍。

2. 加强地方高校非遗"临县秧歌"传统体育文化科学研究

以吕梁学院为试点，将"临县秧歌"文化活态传承，探讨"临县秧歌"在地方高校的传承途径，再现"临县秧歌"文化魅力，丰富学生体育活动内容，将非遗"临县秧歌"加入大学生体育选项课程中推广和传承，实践教学并进行科学实证研究，运用体育统计学方法检验"临县秧歌"在大学体育选项课程中的教学效果，检验"临县秧歌"对大学生身体健康、心理健康、社会适应方面以及大学生主观锻炼情绪体验的前后变化，分析秧歌对大学体育选项课程的影响与优势，以期引起相关人群的关注，并加以推广，将所获经验向同类院校及更高的院校推广，使秧歌文化真正达到活态传承。

3. 强化地方高校非遗"临县秧歌"传统体育文化创新研究

构建非遗"临县秧歌"在地方高校中的传承模式可以从以下几方面

入手。首先,从"临县秧歌"的传统体育文化的传播方式、传播方法、"临县秧歌"优秀传统体育文化传承的主要媒介的应用、秧歌文化的传播者的选择、秧歌文化传承在地方高校现代化进程中面临的困境等方面进行科学合理的研究与探索,力求挖掘有助于非遗"临县秧歌"在地方高校传承的有效途径和实施路径。其次,以秧歌为媒介,开展中国优秀传统文化教育研究,开拓创新,为非物质文化遗产的传承与发展注入新的内涵,挖掘新的途径和创新点,延伸文化价值,创建品牌文化。再次,分析非遗"临县秧歌"在传承中遇到的问题与瓶颈,创新非遗传统体育文化传承力度,寻求非遗"临县秧歌"在地方高校传承的有效中介力量。最后,将"临县秧歌"动作创新,丰富秧歌舞蹈动作,创新"临县秧歌"舞蹈变化场图,丰富秧歌队变化图形,让"临县秧歌"在校园的开展更加新颖,具有一定的时代感,使"临县秧歌"更加年轻化,但不失临县秧歌的"原味",力图为非遗"临县秧歌"在地方高校更快、更好、更有效地传承开展提出对策与建议。

(三)构建非遗"临县秧歌"在地方高校中的实践传承模式

1. 成立地方高校非遗"临县秧歌"传统体育文化兴趣社团

首先,成立体育系"临县秧歌"体育社团,培养体育专业学生在"临县秧歌"方面的兴趣爱好。其次,利用课外体育活动时间在学校师生中培养教师和学生骨干,由几名秧歌骨干牵头成立吕梁学院"临县秧歌"协会,通过各种"临县秧歌"讲座和表演使学生认识"临县秧歌"的锻炼魅力和博大精深的黄河文化,吸纳更多的学生加入秧歌锻炼。再次,组织吕梁学院教师和学生秧歌队,表演和展示"临县秧歌"的魅力,吸引更多的学生参与进来,进一步加强对传承项目的推介和传播,推进校园文化创新建设。最后,整合学校和社会资源,以高校与民间艺术团体合作的模式组建吕梁秧歌文化传播研究中心,分别配备优秀教师和民间艺术家参与到研究中心的筹备和建设中,打造民间艺术走进校园和校园文化面向社会的新平台。

2. 协助地方高校建设非遗"临县秧歌"优秀传统文化传承基地

协助地方高校建设非遗"临县秧歌"优秀传统文化传承基地,以吕梁学院为试点,在吕梁学院建设非遗"临县秧歌"传承基地。首先,由吕梁学院体育系带头,依托吕梁学院现有研究机构,积极筹备、创建专门的研究中心,为优秀传统体育文化传承基地的建设奠定基础。其次,整合学校和社会资源,多学科多部门协作,联合当地有名的秧歌以及民族传统体育的艺术团体,合力完成非遗"临县秧歌"优秀传统文化传承基地的建设,为非遗"临县秧歌"优秀传统文化传承基地的建设保驾护航,通过整合社会资源,通力合作,推动中华优秀传统体育文化传承的步伐与进度。再者,积极引导和邀请"临县秧歌"的传承人和优秀艺术家参与到传统体育文化基地建设中,给予体育教师和学生相对专业的培训和实践指导,为中华优秀传统体育文化在地方高校中的传承出一份自己的力量,为非遗"临县秧歌"优秀传统文化传承基地的建设提供知识传承与实践技能指导。

### 3. 推动地方高校非遗"临县秧歌"传统体育文化辐射传播

推动地方高校非遗"临县秧歌"传统体育文化辐射传播,有利于优秀传统体育文化广度与深度的融合与传承。首先,将"临县秧歌"动作融入到地方高校体育选项课程中的其他运动项目中,能够加强非遗"临县秧歌"的传播范围与力度。其次,将其他运动项目特色动作融入秧歌表演中,使得表演内容、载体、形式和手段更加符合时代发展的特征,不但体现民俗民风,更加紧跟国家的政策和号召,坚持礼敬客观科学的态度,推动中华民族文化基因与当代主流文化相适应,与现代社会发展相协调。再次,创建吕梁秧歌文化研究中心,形成非物质文化遗产在传承和发展中集民间艺术团体、学校(高校与中小学)、社区、相关政府管理部门为一体的一条龙模式,涵盖各个年龄阶段,利用基地建设丰富的师资与课程资源,辐射带动当地吕梁学院附属中学、吕梁市英杰中学、上安村小学等3所以上的中小学校和吕梁市离石区1-2个社区,开展临县秧歌传承项目的中华优秀传统文化知识普及教育活动。最后,组织各种形式的大型传统体育文化娱乐节目,辐射带动周边社区文化活动的开展,倡导全民健身、阳光生活,不断扩大覆盖面和受益面。

### 4. 加强地方高校非遗"临县秧歌"传统体育文化展示交流

加强地方高校非遗"临县秧歌"传统体育文化展示交流。首先,每年结合春节传统节日,组织地方高校中热爱"临县秧歌"的学生积极参与离石区春节秧歌队的表演,利用课余时间组织训练,充分体验临县秧歌的乐趣,吸收优秀传统文化的熏陶,进一步深入了解临县秧歌与在吕梁市人民群众健身活动中的意义与价值。其次,对临县秧歌的传承与发展进一步落到实处,创编山西省秧歌的新艺术形式,参与全国性的文化活动,加强宣传,注重传播和营销,打造山西省民族传统体育精品项目,提升山西秧歌在全国各地的名气和地位,面向全国,走向国际,打造品牌文化。最后,积极参与全国性的文化艺术节,使得临县秧歌走向全国,提高知名度,打造全国性民族传统体育精品项目。

非遗"临县秧歌"传统体育文化在地方高校的传承不仅需要对非遗"临县秧歌"进行理论研究,更需要对其进行实践传承路径进行研究。推广与促进非遗"临县秧歌"在地方高校的传承与保护实施,不仅需要地方高校的大力支持,更加需要"临县秧歌"艺术组织的大力支持与无偿指导。在民族传统文化融合高校传统文化传承的合作过程中,将需要政府激励与引导临县秧歌的民间艺术组织与传承者能够与吕梁学院合力协作,推动非遗项目在地方高校中的有效传承与保护。

# 第三节　临县秧歌的体育健身效果

本研究通过"临县秧歌"运动对大学生体育锻炼进行运动干预,对大学生的主观锻炼体验的情绪状态进行效果研究,以期从运动角度为提升大学生的心理健康水平寻求更加科学合理的运动项目。同时,为非遗"临县秧歌"在地方高校中的活态传承提供参考依据。采用文献资料法、实验法、问卷调查法、数理统计法从幸福感、成就感、心理烦恼、心理疲劳四个维度对大学生参与秧歌运动前后的主观锻炼情绪状态进行统计学意义的分析,得出结论:非遗"临县秧歌"运动前后,大学生的幸福感、成就感、心理烦恼、心理疲劳主观锻炼情绪体验有着显著的差异;非遗"临县秧歌"对大学生的主观情绪状态有显著的干预效果;非遗"临县秧歌"对大学生主观锻炼积极情绪体验有着很大的提升作用,对大学生主观锻炼消极情绪体验程度有一定的抑制作用。

## 一、研究对象与方法

### （一）研究对象

以非遗"临县秧歌"对大学生主观锻炼情绪体验干预为研究对象。将非遗"临县秧歌"融入吕梁学院大学体育舞蹈选项课程中，通过为期12周的秧歌运动，研究"临县秧歌"对大学生幸福感、成就感、心理烦恼和心理疲劳情绪变化的干预研究，分析秧歌运动对大学生心理健康水平提升的影响与优势。

### （二）研究方法

#### 1. 文献资料法

查阅有关主观锻炼体验和情绪状态的论文与相关量表，依据主观锻炼体验量表，参考情绪状态维度设计大学生情绪状态调查问卷。主观锻炼体验指体育锻炼后，锻炼者的身心感受。情绪状态分为积极的情绪和消极的情绪。本研究主要从幸福感、成就感、心理烦恼和心理疲劳四个维度来进行秧歌运动对大学生的主观锻炼情绪状态的影响研究。

#### 2. 实验法

在体育舞蹈选项课程中以自愿参与的形式选取一个班级40人，作为实验组进行秧歌动作的学习与锻炼。实验组每次组织进行30分钟的秧歌锻炼，其余时间进行体育舞蹈动作的学习与运动，一共参与12周的秧歌运动。前期对实验组学生在体育舞蹈运动后的主观锻炼情绪体验进行量表问卷调查，得出一组数据，记为实验前测数据；12周的秧歌运动结束后，再次向实验组学生进行秧歌锻炼后的主观锻炼情绪体验量表调查，得出一组数据记为实验后数据。

#### 3. 问卷调查法

本研究中的问卷设计主要依据张力为和毛志雄收录的《主观锻炼体验量表》（SEES），参考《积极和消极情感表》（PNAS），制定出《秧歌

运动对大学生情绪状态影响情况》调查问卷。通过重复测试方法对量表进行效度、信度检验,效度为 0.83,信度为 0.86,说明该量表具有一定的信度与效度,可以运用于秧歌锻炼前后大学生主观锻炼情绪体验的调查与分析。

4.统计学处理

将回收试卷进行数据整理分析,应用 SPSS 软件对从幸福感、成就感、心理烦恼与心理疲劳四个维度对实验前后数据进行配对样本 T 检验,研究秧歌运动对大学生主观锻炼情绪体验的影响。

## 二、结果与分析

本研究中大学生参与锻炼后的主观锻炼情绪体验包括积极情绪和消极情绪两个一级维度,积极情绪包括幸福感和成就感二级维度,消极情绪包括心理烦恼和心理疲劳两个二级维度。通过 12 周的秧歌锻炼对实验组学生锻炼后的主动锻炼情绪状态进行干预,本研究从大学生的幸福感、成就感、心理烦恼与心理疲劳四个维度对大学生参与秧歌锻炼后的主观锻炼情绪状态进行研究。

(一)秧歌锻炼前后学生主观锻炼体验幸福感情绪变化

积极主动参与体育锻炼有助于幸福感的提升,同时,积极主动地参与体育锻炼还有助于消除负面的情绪状态。秧歌不仅仅是一种传统体育文化,更是一种在学校体育中新融入的运动方式,调查显示,大学生对非遗"临县秧歌"有着一定的兴趣与学习期待,实验组的学生采用自愿学习"临县秧歌"的形式参与实验研究(见表 6-1)。

表 6-1 秧歌锻炼前后学生主观锻炼体验幸福感情绪变化( N=30 )

| | X ± S | 差值95% 置信区间 | | t | Sig.（双尾） |
| | | 下限 | 上限 | | |
| --- | --- | --- | --- | --- | --- |
| 运动前 | 17.155 ± 4.27282 | −3.46003 | −12.697 | −12.697 | 0.000054* |
| 运动后 | 21.493 ± 4.22871 | | | | |
| P<0.05 | | | | | |

在幸福感维度上,秧歌运动前大学生的幸福感满意度平均值为 17.155,秧歌运动后大学生的幸福感满意度平均值为 21.493,P=0.000054<0.01,意味着秧歌运动前后大学生的主观锻炼情绪体验幸福感的满意度具有统计学意义上的差异。从实验数据可以看出,秧歌运动后大学生的幸福感满意度数据大于秧歌锻炼前的数据,研究表明"临县秧歌"运动可以提高大学生的幸福感满意度。

"临县秧歌"属于民间大型舞蹈,在秧歌队锻炼与表演时,在锣鼓与唢呐声的欢快节奏下,运动者自由自在地运动,无拘无束,不受秧歌动作的限制,踏着欢快的音乐,挥动手中的扇子、绸子,上下扭动着身体,人的身体各部位都处于协调的运动韵律中。在"临县秧歌"这种欢乐的氛围中锻炼身体、愉悦身心,给锻炼者带来的是积极向上、勇敢展示、享受生活与追求成功的满足感,以及前所未有的幸福感。因此,经常参与秧歌运动的人群更加容易获得积极的情绪体验。

(二)秧歌锻炼前后学生主观锻炼体验成就感情绪变化

运动的魅力在于收获一种运动技能的同时还能够收获健康、收获幸福感以及一定的成就感。任何一项体育运动项目都可以给参与者带来一定的成就感,但是,不同的体育运动项目因自身项目属性原因,带给参与者的成就感不一样,比如球类运动给人带来的运动成就感明显大于其他项目,进一颗球、赢一分都会使参与者获得较大的成就感(见表 6-2)。

表 6-2　秧歌锻炼前后学生主观锻炼体验成就感情绪变化( N=30 )

| | X ± S | 差值 95% 置信区间 | | t | Sig.（双尾） |
| --- | --- | --- | --- | --- | --- |
| | | 下限 | 上限 | | |
| 运动前 | 16.085 ± 1.25585 | −5.58276 | −0.22391 | −2.785 | 0.039 |
| 运动后 | 18.988 ± 2.41217 | | | | |
| P<0.05 | | | | | |

在成就感维度上,秧歌运动前大学生的成就感满意度平均值为 16.085,秧歌运动后大学生的成就感满意度平均值为 18.988,P=0.039<0.05,意味着参与秧歌运动前后大学生的主观锻炼情绪体验成就感满意度在统计学意义上具有差异性。从实验数据可以看出,大学生

在参与秧歌运动后获得成就感满意度明显高于参与秧歌运动前,研究表明"临县秧歌"运动可以提高锻炼者的成就感满意度。

"临县秧歌"队的街头串演形式是表演一条龙和不同的场图展示,因此,在秧歌队锻炼与表演时,秧歌队全体成员会在锣鼓与唢呐声的节奏下,以伞头为首在街头或场地上走出具有代表性的场图和运动轨迹,在这种运动轨迹的形成过程中,每一个人的位置和作用都是非常重要的,如果一个人出错,后面所有的成员都会出现同样的错误,因此,对于这种重要角色的担任者自然会产生一种责任与担当,随之也会给秧歌运动者成功满足的成就感。因此,经常参与秧歌运动的人群也更加容易获得成就感体验。

(三)秧歌锻炼前后学生主观锻炼体验心理烦恼情绪变化

心理烦恼是运动主观体验消极的一种情绪体验,在面对参与运动带来的负面影响时,锻炼者就会产生严重的心理烦恼。

表6-3　秧歌锻炼前后学生主观锻炼体验心理烦恼情绪变化( N=30 )

| | X ± S | 差值95% 置信区间 | | t | Sig.（双尾） |
| --- | --- | --- | --- | --- | --- |
| | | 下限 | 上限 | | |
| 运动前 | 11.516 ± 2.05837 | 1.16371 | 4.77963 | 4.225 | 0.008* |
| 运动后 | 8.545 ± 1.14574 | | | | |
| P<0.05 | | | | | |

在心理烦恼维度上,秧歌运动前大学生主观锻炼体验心理烦恼平均值为11.516,秧歌运动后大学生主观锻炼体验心理烦恼平均值为8.545,$P=0.008<0.01$,意味着参与秧歌运动前后大学生主观锻炼体验心理烦恼程度的获得在统计学意义上具有差异性。从实验数据可以看出,大学生在参与秧歌运动后的获得心理烦恼明显低于参与秧歌运动前,研究表明"临县秧歌"运动可以降低锻炼者心理烦恼情绪体验感(见表6-3)。

"临县秧歌"动作简单,不受规范动作的约束,锻炼者、表演者可以根据自己的风格展示出不一样的舞蹈动作,是一种随心所欲的展示与表演,即使不一样的动作也会受到其他秧歌锻炼者的羡慕与欣赏。锻炼者与表演者不会因为自己动作与别人的不一样而感动自卑或困惑,反而会获得一种自信与尽兴。因此,"临县秧歌"锻炼者不会因为自身秧歌动作的不标准而受到同场表演者的质疑与笑场,也不会因为自身动作的不协调而自己烦恼,更不会因为跟不上音乐而失去扭秧歌的兴趣与积极性,因为"临县秧歌"的街头表演走走停停,带给观众的就是一种快乐,同时也有各种各样丑角表演带给观众笑点,表演者会自娱自乐、乐在其中,心理自然就不会产生更多的烦恼与困惑。再者,"临县秧歌"音乐是十分欢快的,在这样热闹的气氛中参与锻炼,锻炼者也会受到更多欢乐的鼓舞与影响,自然原先有的心理烦恼也会随之淡化或消失,因此,经常参与临县秧歌运动人群会变得越来越快乐,心理素质会越来越高,情绪状态也会越来越积极。

（四）秧歌锻炼前后学生主观锻炼体验心理疲劳情绪变化

表 6-4　秧歌锻炼前后学生主观锻炼体验心理疲劳情绪变化（N=30）

| | X ± S | 差值 95% 置信区间 | | t | Sig.（双尾） |
|---|---|---|---|---|---|
| | | 下限 | 上限 | | |
| 运动前 | 13.02 ± 2.50929 | 0.78748 | 5.55252 | 3.42 | 0.019 |
| 运动后 | 9.85 ± 2.33224 | | | | |
| P<0.05 | | | | | |

在心理疲劳维度上,秧歌运动前大学生的心理疲劳程度平均值为 13.02,秧歌运动后大学生的心理疲劳程度平均值为 9.85,P=0.019<0.05,意味着秧歌运动前后大学生的主观锻炼情绪体验心理疲劳程度的获得在统计学意义上具有差异性。从实验数据可以看出,大学生在参与秧歌运动后的疲劳程度明显低于参与秧歌运动前,研究表明秧歌运动可以降低运动者的心理疲劳程度（见表 6-4）。

三、讨论

（1）非遗"临县秧歌"运动前后,大学生的幸福感、成就感、心理烦恼、心理疲劳主观锻炼情绪体验有着显著差异。

（2）非遗"临县秧歌"对大学生的主观情绪状态有显著的干预效果。

（3）非遗"临县秧歌"对大学生主观锻炼积极情绪体验有着很大的提升作用,对大学生主观锻炼消极情绪体验有一定的抑制作用。

（4）非遗"临县秧歌"是一项能够在高校体育课程中可持续开展的

体育运动项目。

非遗"临县秧歌"不仅是一种优秀的传统体育文化,更是一种体育运动项目,经常参与秧歌运动不仅能够提高大学生的锻炼兴趣,而且能够在不同程度上提升大学生幸福感、成就感的获得与满意度,同时也能够改善大学生的心理烦恼与心理疲劳程度。非遗"临县秧歌"融合于地方高校体育课程中,不仅丰富了大学体育课程体系,而且为提升大学生心理健康水平提供了很好的锻炼方式与手段,因此,非遗"临县秧歌"是一项能够在高校体育课程中可持续开展的体育运动项目。建议地方高校能够大力支持非遗传统体育项目融入大学体育课程中,为非遗项目在高校中的活态传承与保护创造有利的条件,使国家级非遗项目能够得到动态传承、环保传承、科技传承与创新传承。

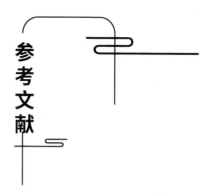

参考文献

[1] 赵晓玲等.健美操教程 [M].重庆:重庆大学出版社,2017.

[2] 黄荣,张鹏等.健美操 [M].北京:清华大学出版社,2015.

[3] 何荣,王长青.健美操教程 [M].北京:北京师范大学出版社,2010.

[4] 张虹.健美操 [M].北京:北京师范大学出版社,2008.

[5] 张力为,毛志雄.体育科学常用心理量表评定手册 [M].北京:北京体育大学出版社,2004.

[6] 吕爱杰.学习支架在教学中的应用研究 [D].南京:南京师范大学,2007.

[7] 谭贡霞.元认知训练对高校体育教育专业健美操教学效果影响的实验研究 [D].扬州:扬州大学,2007.

[8] 孔得伟.基于支架式教学的网络课程设计研究 [D].长春:东北师范大学,2006.

[9] 李继锋.领会教学法在高师体育教育专业排球术课教学中的实验研究 [D].长春:东北师范大学,2008.

[10] 宋小翠.临县伞头秧歌及其民俗基础与开发利用 [D].太原:山西大学,2007.

[11] 时杨.陕北秧歌纳入高校专业舞蹈教学体系的理论与实践探究 [D].西安:西安音乐学院,2016.

[12] 田晓禹.大学生体育锻炼行为对主观锻炼体验的影响:锻炼态度的中介作用 [D].福州:福建师范大学,2013.

[13] 刘雪勇.尝试教学法运用于篮球教学中的实验研究 [J].湖北体育科技,2001(1):85-87

[14] 马策.高等院校体育教学方法改革的困境与出路 [J].沈阳体育

学院学报，2002（1）：71–73

[15] 陈文杰 . 普通高校篮球教法新探 [J]. 吉林体育学院学报，2004（1）：104–105.

[16] 董建平 . 对球类课程教材教法的探讨 [J]. 北京体育大学学报，2006（02）：229–230.

[17] 何善亮 ."最近发展区"的多重解读及其教育蕴涵 [J]. 教育学报，2007（04）：29–34.

[18] 王丽凤 . 支架式教学模式在英语翻译中的应用 [J]. 重庆教育学院学报，2008（04）：135–138.

[19] 顾赤 . 大学英语教学与支架式教学模式 [J]. 湖北经济学院学报，2008（02）：193–194.

[20] 张顺梅 . 大学英语写作课支架式教学模式探究 [J]. 湖北广播电视大学学报，2007（11）：118–119.

[21] 刘昕 . 建构主义教学策略及其对体育教学的影响 [J]. 名家讲坛，2007（03）：52–53.

[22] 王永平，樊临虎 . 建构主义学习理论下的体育教学模式探讨 [J]. 首都体育学院学报，2007（05）：95–97.

[23] 吴红雨 . 体育教育专业健美操普修课支架式教学的研究 [J]. 调查与思考，2008（08）：107–111.

[24] 刘晓迪 . 支架式教学法在体育与健康课程中的应用 [J]. 科技信息，2009（05）：514+525.

[25] 董立叔等 . 建构主义教学观在体育教学中的运用 [J]. 中国成人教育，2007（19）：171–172.

[26] 毛曦明 . 按建构主义学习观探析体育教学方法 [J]. 科技信息，2007（04）：169.

[27] 彭朝辉等 . 多媒体在羽毛球教学中的应用与研究 [J]. 信息技术，2008（02）：124–126.

[28] 李鹤洲 ."多媒体"表象训练法在羽毛球选修课中的教学实验设计及运用研究 [J]. 湖北体育科技，2006（03）：283–285+289.

[29] 张玉华 . 合作学习教学方法在体育教育专业羽毛球技术课教学中的实验分析 [J]. 百家论坛，2008（08）：120–122.

[30] 王娜 . 临县伞头秧歌"扭时不唱，唱时不扭"表演特点的由来 [J]. 太原师范学院学报，2011（7）：121–122.

[31] 郭丕汉 . 临县伞头秧歌的源流探索 [J]. 吕梁学院学报,2011 （4）: 91-94.

[32] 马树芳 . 医学专业大学生主观锻炼体验的调查研究 [J]. 赤峰学院学报(自然科学版),2012,28（01）: 193-194.

[33] 刘尚武,张润红 . 建构主义学习理论下健美操教学研究 [J]. 湖北体育科技,2013,32（06）: 549-551.

[34] 张润红,刘尚武 . 支架式教学在高校体育专业健美操教学中的应用研究 [J]. 体育科技,2017,38（01）: 119-120.

[35] 刘尚武,张润红 . 支架式教学模式下高校体育专业健美操教学的实证研究 [J]. 四川体育科学,2017,36（01）: 141-144.

[36] 刘尚武,张润红 . 高校体育专业健美操支架式教学的实证研究 [J]. 南京体育学院学报(自然科学版),2016,15（06）: 107-111.

# 后 记

在繁忙和充实的日子里,感谢 20 年来的高校健美操教学生涯,给我带来的点滴、充实、成果、体验、收获与幸福。

本书是在作者 20 年健美操教学经验的基础上,融入科研成果与教学成果的精心作品。

本书中的研究课题有 2017 年结题的省级高等学校教育教学改革项目"支架式"教学模式在高校体育专业健美操教学中的实证研究,项目编号:J2015122;2021 山西省"十四五"科学规划课题:非遗"临县秧歌"在地方高校中的传承与创新研究,项目编号:GH-2126。

科研成果有"支架式"教学模式在高校体育专业健美操教学中的实证研究相关学术论文 4 篇。

教学成果有项目"支架式"教学模式在高校体育专业健美操教学中的实证研究 2021 年荣获吕梁学院教学成果奖一等奖,同年获 2021 山西省教学成果奖二等奖(高等教育);2021 年吕梁学院校级线上线下混合教学一流课程——健美操课程的教学成果:校园健身操系列规定套路。

同时,感谢在校园规范健身操套路、校园活力健身操套路与健康魅力健身操套路的编排与示范的同学。感谢你们认真负责、积极主动的态度与付出的努力,感谢你们为后期健美操教学参考资料收集与编排的付出与努力,感谢你们!